# Sylt

**Amrum  Föhr  Helgoland**

von Knut Diers und Elisabeth Schnurrer

 **ADAC Top Tipps**

Das müssen Sie gesehen haben!
Die zehn Top Tipps bringen Sie
zu den absoluten Highlights.

 **ADAC Empfehlungen**

Unterwegs gut beraten: Diese
25 ausgesuchten Empfehlungen
machen Ihren Urlaub perfekt.

**Preise für ein DZ mit Frühstück:**
€ | bis 160 €
€€ | bis 200 €
€€€ | ab 200 €

**Preise für ein Hauptgericht:**
€ | bis 15 €
€€ | bis 25 €
€€€ | ab 25 €

# INHALT

Seite 16

## ■ Intro

**Impressionen** .................................. 6
*Ab in den Trubel, ab in die Einsamkeit*
Auf einen Blick ................................ 11

## ■ Magazin

**Panorama** ...................................... 12
*Das sieht nach Urlaub aus!*

**Beste Reisezeit** ............................. 18
Frühling, Sommer ........................... 18
Herbst, Winter ................................ 20

**So schmeckt's auf Sylt** ................. 22
In aller Munde ................................ 25

**Einkaufsbummel** .......................... 26
Das perfekte Souvenir .................... 27

**Mit der Familie unterwegs** ......... 28
Urlaubskasse .................................. 28
Übernachten mit Kindern .............. 28
Strand und mehr ............................ 29
Kleine und große Abenteuer ......... 30
Lieber nicht .................................... 30
Leuchtende Augen! ........................ 31

**Geologie zum Anfassen** ........... 32
*Vier farbige Kliffs prägen die Insel Sylt*

**Unterwegs im Watt** .................. 36
*Im größten Nationalpark Deutschlands Natur hautnah erleben*

**Kunstgenuss** ............................. 38
*Die Insel fasziniert und inspiriert zahlreiche Künstler*

Seite 12

## INHALT

Seite 29

Seite 47

**So feiert die Region** ............... 42
*Die Mittsommernacht ist ein unvergessliches Erlebnis*

**Sylt – gestern und heute** ...... 44
Am Puls der Zeit ................................. 47

**Orte, die Geschichte schrieben** ............... 48
*In Tinnum steht eines der ältesten Häuser - die Alte Landvogtei*

**Das bewegt die Region** ......... 50
*Der Hindenburgdamm verbindet die Insel mit dem Festland*
Viel wurde verändert ....................... 51

**ADAC Traumstraße** ............... 52
*Eine beeindruckende Zweitagestour durch das benachbarte Dänemark*
Von Westerland bis Rømø ............. 52
Von Rømø nach Ribe ...................... 53
Von Ribe nach Billund .................... 54
Von Billund nach Tønder ................ 55
Von Tønder nach Niebüll ............... 56
Von Niebüll nach Westerland ........ 57
Übernachtungsmöglichkeiten ...... 57

## Im Blickpunkt

Die Muschelzucht vor Hörnum .... 83
Das Meer nagt ständig an der Insel ............................................. 86
Zeitsprung 5000 Jahre zurück ..... 94
Promis heute eher zurückhaltend ............................... 102
FKK begann als Lichtbaden ........ 104
Der König der Krabben ................ 110
Wie die Auster zur Sylter Marke wurde ............................................ 113
Schweinswale mit Glück zu sehen ........................................ 115
82 Jahre fuhr die Inselbahn ......... 121
Fröhliches Brauchtum mit Fackeln ........................................... 128
Der Freiheitskämpfer residierte nur kurz ......................................... 131
Die Lanze muss in den Ring! ....... 138
Die Geheimnisse des Wattenmeers ................................ 144
Einmalige Vielfalt in der Vogelwelt ........................................ 150

# Inhalt

## ■ Unterwegs

**ADAC Quickfinder**
Das will ich erleben .......... 60

### Westerland und der Süden .......... 64
- **1 Westerland** .......... 66
- **2 Rantum** .......... 79
- **3 Hörnum** .......... 83
- Übernachten .......... 89

### Der Norden: Wenningstedt-Braderup, Kampen und List .......... 90
- **4 Wenningstedt** .......... 92
- **5 Braderup** .......... 98
- **6 Kampen** .......... 100
- **7 List** .......... 109
- Übernachten .......... 117

### Der Osten: Munkmarsch, Keitum, Tinnum, Morsum .......... 118
- **8 Munkmarsch** .......... 120
- **9 Keitum** .......... 122
- **10 Tinnum** .......... 132
- **11 Morsum** .......... 135
- Übernachten .......... 139

### Die Nachbarn: Hallig Hooge, Amrum, Föhr, Helgoland .......... 140
- **12 Hallig Hooge** .......... 142
- **13 Amrum** .......... 146
- **14 Föhr** .......... 156
- **15 Helgoland** .......... 165
- Übernachten .......... 171

*Zu diesen Orten und Sehenswürdigkeiten finden Sie Detailkarten im Innenteil des Reiseführers.*

Seite 66

Seite 79

# Inhalt

## ■ Service

**Sylt von A–Z** .............................. 174

*Alle wichtigen reisepraktischen Informationen – von der Anreise über Notrufnummern bis hin zu den Zollbestimmungen.*

Festivals und Events ...................... 180
Chronik ............................................ 184
Register ........................................... 186
Bildnachweis ................................... 189
Impressum ...................................... 190
Mobil vor Ort .................................. 192

Seite 83

## Umschlag:

 **ADAC Top Tipps:** Vordere Umschlagklappe, innen ❶

 **ADAC Empfehlungen:** Hintere Umschlagklappe, innen ❷

**Übersichtskarte Sylt:** Vordere Umschlagklappe, innen ❸
**Übersichtskarte Hallig Hooge, Amrum, Föhr, Helgoland:** Hintere Umschlagklappe, innen ❹

**Ortsplan Westerland:** Hintere Umschlagklappe, außen ❺
**Drei Tage auf Sylt:** Vordere Umschlagklappe, außen ❻

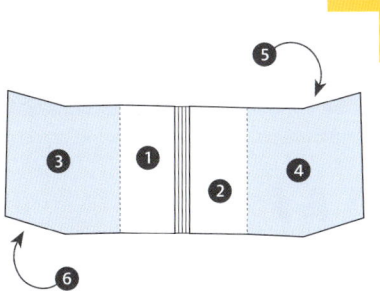

# Ab in den Trubel, ab in die Einsamkeit

*Die Insel und ihre vier schönen Schwestern erfüllen Sehnsuchtsgefühle mühelos – jede auf ihre Art*

*Endlose Spaziergänge am Strand von Kampen*

Was macht die Insel so sehenswert? Es sind die beiden Meere. Sie staunen? Die 40 km Strand im Westen sind einmalig auf einer deutschen Insel. Hier lässt sich fast endlos baden, wer möchte, auch hüllenlos. Es gibt Abschnitte mit Trubel, Musik und Strandkörben. Es lassen sich aber nach wie vor einsame Strände finden, die für den romantischen Ausflug, den Spaziergang in frischer Brandungsluft – wenn Sie den gesamten Strand abgehen, brauchen Sie acht Stunden – oder eine kleine Seefahrt im Kajak bzw. auf dem Surfbrett bestens geeignet sind.

Und das andere Meer? Der Wattenmeersaum auf der anderen Seite ist mit 69 km noch länger. Es liegt auf der Ostseite und fällt bei Ebbe teilweise trocken. Es steht knietief oder mehr im Salzwasser bei Flut. Hier tummeln sich

Zehntausende von Kleinstlebewesen, die sich erst so richtig würdigen lassen, wenn man auf eine Wattwanderung geht. Dabei werden sie sanft ans Tageslicht gehievt, den staunenden Gästen vom Wattführer vorgestellt und dann wieder sich selbst überlassen. Das UNESCO-Weltnaturerbe Wattenmeer hat eine Faszination erst auf den zwei-

ten Blick. Just dort wachsen auf Metalltischen südlich von List Tausende von Austern, die sich in zwei bis drei Jahren mit dem sehr sauberen und gesunden Nordseewasser zu ihrer Reife entwickeln. Es ist die einzige Austernzucht in Deutschland. Die dort produzierte »Sylter Royal« ist zu einem Markenzeichen der Insel geworden.

Und die Sonne verwöhnt alle: 1750 Stunden im Jahr lässt sie sich blicken. Windgeschützt liegen Sie an der Ostseite zum Watt am besten, aber mehr los ist im Westen, wo die Strandbars magnetisch zu sein scheinen.

### Die illustre Reihe von Markenzeichen

Davon allerdings gibt es mehrere. Dazu zählt sicher der rote Krebs vom Fischimperium Gosch, das einst am Lister Hafen gegründet wurde. Die nördlichste Fischbude Deutschlands hat sich zu einem schicken Treff der Fisch- und Champagnerfreunde entwickelt. Die Sansibar in den Dünen

*Das Lokal Kupferkanne liegt versteckt in der Heide mit Blick aufs Wattenmeer (oben) – Friesenhaus mit typischem Reetdach in Keitum (unten)*

## Ab in den Trubel, ab in die Einsamkeit

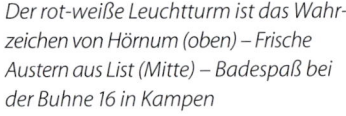

*Der rot-weiße Leuchtturm ist das Wahrzeichen von Hörnum (oben) – Frische Austern aus List (Mitte) – Badespaß bei der Buhne 16 in Kampen*

lien ist gesorgt. Die Keitumer Kirche ist stilprägend für die Insel, zwar auf ganz andere Art, aber sie zieht auch nichtreligiöse Menschen an. In der Kirche mit dem weithin sichtbaren Kirchturm sind nicht nur Predigten, sondern auch sehr weltliche Konzerte zu hören. Keitum selbst ist eine ganz eigene Liga, wenn es ums Thema Dorfidyll geht. Kaum ein Ort in Norddeutschland kann da mithalten. Wer durch die Dorfstraßen schlendert, sich in einem der unterschiedlichen Keitumer Lokale niederlässt oder am Watt entlangläuft, erlebt diese wärmende Gemütlichkeit.

### Viel zu tun für angehende Sylt-Fans

Was sollten Sie nicht verpassen? Für den Sylt-Fan in Ausbildung sind wich-

südlich von Rantum gehört auch in die Kategorie. Es ist ein Promi-Treff, ja, aber es gibt dort gute Angebote für Genießer aller Art, und auch für Fami-

# Impressionen von Sylt

tige Stationen auf dem Weg dorthin sicher die nördlichen und südlichen Enden der Insel. Oben fasziniert der Ellenbogen mit seinen beiden niedlichen Leuchttürmen, den Dünen, dem langen Ufer, viel Wind und noch mehr Schafen. Unten ist es die Hörnum Odde, die sich nach jedem größeren Sturm in verkleinerter Form zeigt. Massen von Sand raubt die Nordsee. Dort die Spuren dieser Naturgewalten zu begutachten ist schon für einen längeren Spaziergang ein gutes Programm. Strandrestaurants nehmen die durchgepusteten Urlauber dann gern zum wärmenden oder erfrischenden Getränk auf. Der Leuchtturm in Hörnum ist der einzige auf der Insel, den man von innen besichtigen kann. Das ist ein Highlight im wörtlichen Sinne wegen der Aussicht und mehr noch: Innen sind die Relikte einer alten Schule zu erleben. Ein Einheimischer erzählt dazu Anekdoten, die so viel von der schlichten, patenten und herzlichen Seele der Sylter verraten. Zwar sind die meisten hier »zugereist«, aber diese urtypischen Nordfriesen in ihrer herben, lockeren und direkten Art zu erleben ist noch möglich. Auch wird das Söl'ring, das Plattdeutsch der Insel, wieder gepflegt.

## Vom Meerkabarett bis zum Kitesurfen

Neben der Natur – wozu auch das Rantumbecken mit seiner Vogelwelt zählt oder das Rote Kliff und das Morsum-Kliff – ist es die Kultur, die einen großen Stellenwert einnimmt. Das Meerkabarett in Rantum bietet im Sommer immer eine beachtliche Reihe von Stars der Unterhaltung. Traditionsfeste wie das Biikebrennen am 21. Februar oder

*Bühnenreif: Die Musikmuschel an der Westerländer Kurpromenade lädt sommers zu Veranstaltungen ein*

# Ab in den Trubel, ab in die Einsamkeit

das Ringreiten von Pfingsten bis August sollte der Sylt-Kenner erlebt haben. Der Beach Polo World Cup, das Shantychor-Festival oder der Euro-Windsurf-Cup sind genauso wie der Kitesurf World Cup fest im Kalender verankert. Es sind aber auch die kleinen Leseabende am Kaminfeuer, die Musik mit Wohnzimmeratmosphäre oder der InselCircus in Wenningstedt, die das Bild des Sylt-Erlebens grandios vervollständigen.

> *Ich werde Dir jetzt überhaupt lieber täglich mitteilen, wer nicht da ist, denn das ist die Minorität.*
>
> Siegfried Jacobsohn an seinen Freund Kurt Tucholsky

## Sylt erzeugt Lust auf Neugier

Die Insel duftet nach Heckenrosen und Seetang. Sie schmeckt nach hier hergestellten Produkten, von Gin über Wein und Austern bis zur Schokolade. Sie zeigt Yoga-Freaks in den Dünen, bietet Strandsaunierern Abkühlung in der Brandung und schickt das Knattern der Segel zum Ufer. Sylt ist Musik für die Seele. Es erzeugt Lust auf Neugier. Es ist für Unternehmungslustige eine Landkarte, aber genauso für Ruhesuchende ein Hafen.

## Die vier schönen Schwestern

Jeder findet »seine« Insel. Das gilt auch für Sylts vier schöne Schwestern. Die kleinste ist Hallig Hooge. Auf einer Warft knapp oberhalb der Meereswellen zu sein ist ein besonderes Erlebnis. Allein schon eine »Tote Tante« (Scho-

*Dünen, Heide, Strand und Watt – Sylt aus der Vogelperspektive*

## Auf einen Blick

kolade mit Rum und Sahne) zu trinken ist Aufsaugen von Volkskultur. Amrum mit dem 15 km langen Kniepsand bedeutet für viele Stranderlebnis in Vollendung. Die Insel sprüht vor unaufgeregter Schön- und Klarheit, zeigt Kleinode wie die malerischen Friesenhäuser und hat an Natur viel zu bieten. Föhr besitzt noch mehr Grün und ebenfalls traumhafte Ecken. Bleibt etwas weiter draußen noch Helgoland. Die Lange Anna mit ihrer Vogelwelt, der Fels, die Düne und die Hummerbuden sind so unverwechselbar, dass der Gast fast überfordert ist. Wer Helgoland als Zwischenstopp für den Billigeinkauf missbraucht, ist dort falsch. Die wahre Schönheit des Eilands lässt sich erst bei einem mehrtägigen Aufenthalt entdecken. Und das tun immer mehr Besucher.

*Größter Ort* Westerland (9226 Einw.)

*Fläche* 99,14 km², das entspricht etwa einem Zehntel der Fläche von Rügen

*Einwohner* 19 645, plus 7614 Zweitwohnungsbesitzer

*Tourismus* Mit rund 900 000 Gästen im Jahr der wichtigste Wirtschaftszweig auf Sylt

*Religion* Überwiegend evangelisch-lutherisch

*40 km* misst der Sandstrand an der Sylter Westküste und ist damit Deutschlands längster Strand.

*266 m* trennen Ost- und Westküste an der engsten Stelle am Lister Königshafen.

*52,5 m* machen die Uwe-Düne in Kampen zur höchsten Erhebung der Insel.

### Oft gehört
»Rüm Hart, Klaar Kimming«, das ist Söl'ring und heißt: Großes Herz, weiter Horizont. »Kimming« heißt die Linie zwischen Meer und Himmel.

### Darin sind Sylter Weltmeister
Austern züchten und essen, feiern mit Promis aller Art und am Strand liegen

# Magazin

*Umrahmt von Heckenrosen verstecken sich schmucke (Reetdach-)Häuser in den Dünen am Hörnumer Leuchtturm. Von der Südspitze erstreckt sich der rund 40 Kilometer lange Sandstrand Richtung Norden. Sylt ist die Königin der Nordsee, ist reizend und reizvoll.*

*Einen ungewöhnlichen Empfang am Westerländer Bahnhof bereiten die »Reisenden Riesen im Wind«. Die bis zu vier Meter hohen Skulpturen, die vom Bildhauer Martin Wolke geschaffen wurden, hinterlassen seit 2001 auch einen bleibenden Eindruck.*

*Blau und weiß sind die vorherrschenden Farben am Strand: Blau(grün) schimmert das Meer, hellblau strahlt der Himmel, weiß sind die Wolken. Passend dazu präsentiert sich der Bezug der Strandkörbe wie hier in Kampen.*

# Beste Reisezeit Sylt

| März | April | Mai |
|---|---|---|
| 1° 7° | 3° 12° | 7° 16° |
| 4 | 6 | 7 |
| 12 | 12 | 10 |
| 6° | 10° | 14° |

Die Bedeutung der Symbole:
(Angaben sind Mittelwerte)

18°
9°  Temperatur min./max.

Sonnenstunden/Tag

Regentage im Monat

Wassertemperatur

## FRÜHLING

**Auf der Insel herrscht dank des Golfstroms oft ein milderes Klima als auf dem Festland. Der Frühling ist durchweg mild, was die Vegetation früh starten lässt.**

April und Mai sind für einen Besuch auf Sylt sehr zu empfehlen. Wegen des meist gemäßigten Klimas im Winter ist hier die Vegetation dann schon weiter entwickelt als auf dem Festland. Die Insel erstrahlt in einem satten Grün und die Vögel zwitschern fröhlich. Die Tagestemperaturen liegen bei zehn bis 16 Grad. Das Wasser ist noch zu kühl zum Baden, aber Mutige sind natürlich immer unterwegs. Und der Frühling auf Sylt wird noch untermalt vom Duft der Heckenrosen, die auf der Insel weit verbreitet sind. Meist ist es Ende Mai soweit. Dazu leuchten sie in Zartrosa. Das Thermometer klettert schon mal auf bis zu 20 Grad. Die Niederschlagsmenge hat sich fast halbiert und die Sonne scheint bis zu sieben Stunden am Tag. Und woher kommt der Wind? Der weht verlässlich aus Richtung Westen und vertreibt die Wolken. Daher herrscht auf der Insel oft ein anderes (besseres) Wetter als auf dem Festland. Die Regenwolken regnen sich auf Sylt seltener ab. Dafür tobt der Wind sich gern im Frühling als Sturm aus und treibt das Nordseewasser vor sich her. Wellenberge türmen sich auf. Wenn es nicht allzu arg wird, sind die Schaumkronen, die tanzenden Wellen und die weit spritzende Gischt ein gern betrachtetes Naturschauspiel entlang der Westküste. Auf mancher Welle ist auch bereits ein Surfer zu finden. Die gesamte Insel stellt sich langsam auf die Aktiven ein. Es kommen Strandläufer, Radfahrer und Spaziergänger. Die beliebten Strandsaunen sind gerade jetzt ein vorzüglicher Aufenthaltsort - zur Abkühlung geht's dann ins Meer.

*Die Rosa Rugosa schlängelt sich bis an den Strand von Hörnum*

*Die Strandkörbe am Strand bei Wenningstedt sind ein guter Schutz gegen den Wind*

## SOMMER

**Sonne satt und 40 Kilometer Sandstrand lösen ein buntes Treiben aus. Die sauerstoffreiche Seeluft ist ein Fest für den Körper, denn das Wohlbefinden stellt sich automatisch beim Spazierengehen an der Brandung ein.**

Mehr als sechs Stunden Sonne am Tag sind die Regel. Der rund 40 Kilometer lange Weststrand spielt seine Überlegenheit als Urlaubsargument überzeugend aus. Wo sonst lässt sich feinster Sand in dieser Menge direkt an der Brandung genießen? Die Luft ist rein, pollenarm, jodhaltig, schadstofffrei und hat diesen frischen Geruch. Einschränkungen gibt es allerdings auch: Wer von mediterranen Wassertemperaturen verwöhnt ist, findet hier eher eine Abkühlung. Selbst jetzt im Hochsommer wird das Nordseewasser selten wärmer als 18 Grad. Doch in den langsam auslaufenden Wellen lässt es sich als Kind natürlich herrlich planschen und am Ufer herumtoben. Die Eltern sind in Sichtweite und haben es sich im Strandkorb und auch sonst prima eingerichtet. Es sind viele Jogger und Spaziergänger unterwegs. Die Stimmung ist meist ausgelassen und die zahlreichen Strandbars verzeichnen Rekordumsätze.

Allerdings sind vor allem im August fast alle Unterkünfte schon sehr lange im Voraus ausgebucht, die Zeltplätze quellen über und die Wartezeiten beim Sylt Shuttle werden lang. Doch wer sich im Vorfeld längerfristig mit der Urlaubsplanung beschäftigt hat, genug Zeit einplant und den Urlaub gedanklich schon zu Hause beginnen lässt, wird den Sommer auf Sylt als allerbeste Kraftquelle zu schätzen wissen.

## BESTE REISEZEIT

*Auf der früheren Trasse der Inselbahn verläuft der Nord-Süd-Radweg über die Insel*

## HERBST

| Sept. | Okt. | Nov. |
|---|---|---|
| 17° / 10° | 13° / 6° | 8° / 3° |
| ☀ 3 | ☀ 3 | ☀ 2 |
| 💧 12 | 💧 15 | 💧 15 |
| ≈ 19° | ≈ 16° | ≈ 14° |

**Die Schatten werden länger, die kühle Luft gewinnt an Fahrt, es stürmt schon kräftig – Sylt im Herbst ist etwas für Romantiker, Wetterfeste und Freunde des Genießens.**

Wenn Sylt mit Abschluss der Schulferienzeit seine besondere Eignung als Familienziel wieder einmal bewiesen hat, strömen meist Paare auf die Insel. Sie können Sylt ganz anders genießen. Die Lokale sind nicht mehr überfüllt, reserviert werden muss fast nicht mehr. Bis September sind noch viele kulturelle Veranstaltungen wie etwa das Meerkabarett in Rantum zu besuchen. Das Licht ist für Fotografen besonders attraktiv – es hat diese orangefarbene Wärme mit langen Schatten. Die Nächte werden zwar schon kühl, aber tagsüber sind durchaus noch 17 Grad abzulesen. Nach einem langen Strandspaziergang ist locker eines der Strandbistros zu erreichen, die dann meist zu Beginn des Winters schließen. So ist diese Zeit ideal für den »Urlaub zwischendurch«. Vereinzelt stellt sich Regen ein, und es kommt besonders im Oktober verstärkt zu Stürmen. Doch statt mit rauer Kühle zeigt sich die Insel jetzt in milder Herzlichkeit und Frische. Das macht gerade diese Jahreszeit sehr ansprechend. Wattwandern und Radfahren sind nun die idealen Freizeitaktivitäten.

**BESTE REISEZEIT**

## WINTER

**Das Reizklima tobt sich aus, die Urlauber kommen zur Entschleunigung, zur Fitness und zu traditionellen Festen – es stellt sich eine gesunde Gelassenheit ein.**

| | Dez. | Jan. | Feb. |
|---|---|---|---|
| | 0° 5° | 0° 5° | 0° 5° |
| ☀ | 1 | 2 | 1 |
| 💧 | 14 | 14 | 12 |
| ≈ | 10° | 6° | 6° |

Kenner fahren im Winter nach Sylt. Das ist nicht nur eine feste Redewendung unter Stammgästen der Insel, sondern auch als guter Tipp zu verstehen. Es ist die Ruhe, die lockt. Weite, lange Wanderungen entlang der Kliffs – des Roten, des Weißen und des Morsumer Kliffs – stehen an. Watt- und Strandläufer machen sich auf den Weg. Dazu die klare kalte Winterluft, oft Folge eines heftigen Westwinds – eine Mischung, die die Gäste verzaubert. Die Insel ist nicht wie im Sommer voll mit Urlaubern. Es herrscht eine entspannte Stimmung. Die Temperaturen halten sich dank des noch immer funktionierenden Golfstroms meist über dem Gefrierpunkt, Eis und Schnee sind selten. Der Atlantik treibt die aufgewärmten Wassermassen vom Golf von Mexiko bis in die Nordsee. Zum Baden ist es allerdings zu kalt. Das Wasser im Meer hat jetzt vier bis sechs Grad. Doch mit Sauna und Wellenbad, mit Wellness und Massage lässt sich der lange Spaziergang krönen. Leider gibt es nur wenige Restaurants, die geöffnet sind. Die meisten Besitzer nutzen die Wintermonate, um sich zu erholen und die Räume zu überarbeiten. Weihnachten und Silvester sind dann wieder viele Lokale offen, doch der Januar ist traditionell bei vielen Schließzeit. Dann treffen alle spätestens Mitte Februar wieder ein, denn beim Biikebrennen am 21. Februar wird traditionell der Winter ausgetrieben und auf der gesamten Insel ist kurzzeitig Hochsaison. Die Zimmer sind ausgebucht. Das Frühlings- und Fastnachtsfeuer nach heidnischem Brauch lässt sich auch kaum ein Einheimischer entgehen.

*Seltener Anblick: Schnee dämpft die wuchtigen Farben des Roten Kliffs in Kampen*

## SO SCHMECKT'S AUF SYLT

*Sonne und hervorragendes Essen im Garten des Dorfkrugs Rotes Kliff in Kampen*

# Inselküche mit Nordseecharme

**Regionale und saisonale Gerichte sind auch hier auf dem Vormarsch, aber sie müssen mit der nötigen Finesse daherkommen, damit der Gast bereit ist, Bestnoten zu verteilen.**

### WAS GANZ OBEN AUF DER LISTE DER BEGEHRLICHKEITEN STEHT

Die Liebe zu Sylt geht über den Gaumen. Es gibt Gäste, die stürmen nach der Ankunft sofort in den nächsten Gosch-Laden und lassen sich bei diesem bekanntesten Gourmet-Botschafter der Insel Scampi mit Weißwein servieren. Fisch und Lebenslust scheinen sich gedanklich schnell mit der nördlichsten deutschen Insel zu verbinden. So groß die Gaumenfreuden sein mögen, weder Scampi noch Wein kommen von der Insel oder aus ihrer Nachbarschaft. Sicher, nahe der Keitumer Kirche werden Weinreben und Hopfen gezogen, doch die Erzeugnisse daraus erreichen meist nur homöopathische Mengen.

Was in den rund 200 Lokalen der Insel den Teller des Gastes erreicht, lässt sich hingegen in Tonnen berech-

## SO SCHMECKT'S AUF SYLT

nen. Essen und Trinken stehen auf Sylt ganz oben auf der Liste der Begehrlichkeiten. Zwar gilt auch hier »regional und saisonal« als das Credo der Zeit, aber das Gericht muss schon schmackhaft sein und für das Auge verlockend aussehen. Wer Matjes mit Pellkartoffeln servieren möchte, braucht schon viel Mut oder eine pfiffige Idee, dieses Standardgericht so zu verfeinern, dass der Gast zufrieden nickt und sagt: »Das gibt es nur auf Sylt.« Was an Kreuzungsversuchen wie Saibling mit Blaubeeren oder Lammfilet mit Krabben alles das Restaurantlicht erblickt, ist erstaunlich. Der jüngste Trend lautet jedoch: zurück zum Einfachen und locker bleiben.

### STERNEKÜCHE ADE!

War die Insel einst ein Mekka der deutschen Sterneköche mit einer fast zweistelligen Anzahl, sind heute nur noch wenige Lokale mit dieser höchsten Auszeichnung versehen. Das liegt einerseits an den Gästen, die zwar Pep lieben, dennoch geschmacklich kaum noch wahrnehmbare Nuancen (auch preisliche Ausfälle nach oben) nicht mehr mitmachen, andererseits an den Köchen. Sie sind es leid, in der Welt der sich ständig höher aufputschenden Kaste der Restaurantkritiker Halt zu suchen. Stress beim Kochen ist schließlich kein guter Ratgeber. So wird vereinzelt sogar auf den Stern verzichtet.

Für den Gast aber wirkt sich das sehr wohltuend aus. Er findet auf Sylt die solide, regionale Küche – mit etwas längerem Suchen auch die preiswerte. Denn an den Hotspots des Jetsets kann er für ein Glas Champagner so viel Geld hinlegen wie woanders für ein Dreigangmenü. Die relative Nähe zu irgendeinem Promi wird so gleich mitbezahlt. Es ist für viele diese Mischung aus »crazy« und »bodenständig«, die ein Sylturlaub liefern soll. Da muss jede und jeder die Balance selbst austarieren.

Ein Tipp sind in jedem Fall die Strandbistros und -bars. Sie liefern zum meist guten Essen den Meer-

*Sellerie in der Salzkruste gebacken im Restaurant Kai3 im Hotel Budersand*

*Urlauber genießen den Spätnachmittag im Strandbistro Bühne 16*

blick dazu. Entlang der Westküste von Hörnum bis List gibt es einige davon, die durchweg Lob verdienen.

### LUST AUF AUSTERN?

Zur sylttypischen Ess-Klasse gehören Austern. In List findet man die einzige Zucht in Deutschland. Die beliebten Meeresfrüchte sind auf der ganzen Insel erhältlich. Es hat schon Tradition, die Austern zu öffnen, zu kosten und sich dem Vergnügen hinzugeben, etwas ganz Seltenes und Eigenartiges im Mund zu haben. Nur Angsthasen schlucken schnell. »Kauen statt schlürfen« lautet der wohl beste Tipp, den Gaumen mit dem Geschmack der Auster tatsächlich zu erfreuen.

### AUSGEWÄHLTE KÖSTLICHKEITEN

Von regionalem Gin über Whisky bis zu den erwähnten Weinen und Bieren aus Keitum wird die Menge der inseltypischen Trinkangebote ständig vergrößert. Viele neigen auch schon am Nachmittag zu einem netten »Gläschen«. Was die Frage »Tee oder Kaffee« angeht, lautet die Antwort: Beides geht. Die Teekultur ist nicht so ausgeprägt wie in Ostfriesland, aber durchaus vorhanden. Kaffee geht in allen (italienischen) Varianten. Typisch ist immer noch der Pharisäer – also Kaffee mit Rum und einem Sahnehäubchen versehen.

Nicht zu verachten ist das immense Angebot an frisch gebackenen Kuchen. Er kommt in Tortenform oder vom Blech. So wird er etwa in Kampen auf den Terrassen am Watt in der Kupferkanne serviert. Dann gehört Labskaus zum Standardmenü. Pökelfleisch, Kartoffeln, Rote Bete, Spiegelei, Rollmops und Gurke lauten die Bestandteile. Corned Beef vom (auf Sylt aufgewachsenen) Galloway-Rind ist meist dabei. Am besten dazu ein Lokal mit Meerblick wählen – etwa im Lister Hafen, am Ellenbogen oder in Hörnum.

Es sind immer der Ort und das Gericht, die die Gaumenfreude im Zusammenspiel perfektionieren. Wer gut und dabei preisgünstig essen möchte, sollte sich möglichst mittags in das Restaurant seiner Wahl begeben. Das Angebot ist meist genauso groß wie abends, aber der Preis deutlich geringer.

Das Gosch-Lokal mit der besten Aussicht liegt eindeutig oben am Kliff in Wenningstedt. Sich frühzeitig Plätze zum Sonnenuntergang zu sichern, ist eine sehr gute Idee.

## In aller Munde

**Sylter Meersalz - Genuss und Natur vereint**

Das Sylter Salz in der eigenen Suppe zu Hause zu haben, ist doch die beste Urlaubserinnerung. Nicht nur das: Was der mehrfach ausgezeichnete Koch Alexandro Pape in seiner Lister Manufaktur aus dem Nordseewasser gewinnt, ist in Deutschland einmalig und gesund. Die natürliche Meersalzgewinnung wird hier seit ein paar Jahren nachgeahmt und perfektioniert. Der Salzgehalt der Nordsee liegt bei 30 bis 34 Promille. Das sind also 34 Kilogramm Meersalz pro Kubikmeter Wasser. Die Mischung der chemischen Elemente entspricht fast genau der Verteilung der Salze und Spurenelemente im Blut des Menschen. Meersalz ist DAS Naturprodukt von Sylt. Es steht für die gelungene Symbiose aus Genuss und Umwelt. Das Meersalz wird in der Manufaktur in List (Hafenstr. 2) sowie bundesweit in ausgesuchten Läden und unter *www.sylter-meersalz.de* angeboten.

*Sylter Meersalz ist ein reines Naturprodukt*

**EINKAUFSBUMMEL**

# Wie wäre es mit einem Strandkorb für zu Hause?

**Ob Strandkörbe oder Schokolade, ob Halsketten oder Tee – Sylter Spezialitäten genießen den besten Ruf und sind bei den Gästen der Insel höchst begehrt. Man findet diese in Manufakturen, Boutiquen und auch auf Flohmärkten.**

Eine besondere Erinnerung an einen Urlaub auf Sylt sind die Strandkörbe, die in Rantum (www.meinstrandkorb.de) und Tinnum (www.strandkorb.net) gefertigt werden. Jedes Modell wird individuell hergestellt und ist nach 3-4 Wochen versandfertig. Die Lieferung der komplett montierten Strandkörbe erfolgt per Spedition. Auch Friesenbänke gehören in diese Kategorie. Eine Tischlerei in Tinnum (www. friesenmoebel-sylt.de) fertigt sie sowie andere Gartenmöbel. Sie können mühelos den Garten daheim zieren und so etwas Urlaubsgefühl das restliche Jahr über konservieren.

Aber es sind auch die vielen kleinen, neckischen Accessoires, die einem beim Einkaufsbummel auf Sylt ins Auge springen. Das reicht von der Syltkuh über alle Formen von Sylt-Schriftzügen bis zum »Angel to go«, wobei das keine Angel ist, sondern eine Engelsfigur. Die Schmucklädchen bei einem Bummel durch Keitum bieten eine große Auswahl, vor allem individuell geformte Ketten und Ringe. Auch Kampen hat da einiges im Angebot. In beiden Orten sind auch Galerien zu finden, die sylttypische Gemälde bereithalten. Vereinzelt lässt sich mit den Künstlern auch ins Gespräch kommen.

In Tinnum ist die Sylter Schokoladenmanufaktur aktiv (www.cafe-wien-sylt.de), in der sich auch Seminare belegen lassen. Die eigene Schokolade zu schaffen, ist eine süße Verführung. Vermutlich ist sie nicht so nachhaltig,

*Die vielen kleinen Buden am Lister Hafen sind ein Kleinod*

aber die Erinnerung an den einmaligen Geschmack bleibt dennoch erhalten. In Braderup arbeitet eine kleine Manufaktur für Lederwaren aller Art (www.manufaktur-sylt.de).

Wer hingegen den Bummel über einen Flohmarkt schätzt, wird in Westerland (vor der Spielbank), in Wenningstedt, List und Hörnum fündig. Die jeweiligen Zeiten liefern die Touristeninformationen. Der Schnack mit den Einheimischen und das Feilschen um alte Gegenstände vermengt sich hier zu einer oft unterhaltsamen Beschäftigung und man kann einen guten Kauf tätigen.

Zu den beliebten Köstlichkeiten gehören Austern in List (www.sylter-royal.de), das Champagner-Bier aus Keitumer Hopfen (im Weinhandel und bei Leysieffer) oder der Sylter Wein »sölviin« (weinraum sylt in Westerland). Wodka und Gin sind begehrt (www.spirit-of-sylt.com und www.gin-nerds.de).

Die kleine Räucherei am Flughafen gehört zu den Geheimtipps (www.wattnrauch.de) beim Thema Räucherfisch. Beim Tee lässt sich in der großen Vielfalt ebenso gut fischen: Bio-Tees und andere Mischungen hält das Teehaus Ernst Janssen in Westerland vor (www.teehaus-janssen.de). Auch das Sylter Teehaus in Tinnum ist zu empfehlen (www.sylter-teehaus.de).

## Das perfekte Souvenir

**Sylter Thalasso – Gesund, wohltuend und anhänglich**

Handgesiedete Pflanzenseifen hat die Sylter Seifen Manufaktur in Morsum (Bi Miiren 11) zu bieten. Das ist individuelle Handarbeit, keine Massenproduktion. Neben Seifen mit Heckenrosen, Austern oder in Syltform ist es das Sylter Thalasso, was die Kundschaft schätzt. Die Thalassologie ist die Meeresheilkunde. Dabei geht es um die medizinischen Aspekte des Meerwassers. Schon 1867 prägte der Franzose Louis Bagot diesen Begriff. Seither dienen Inhalationen, Tinkturen und Meeresschlick als Kurmittel. So gesund das sein mag, es riecht immer etwas nach Algen. Die Seife »Sylter Thalasso« hat zwar auch den dort gewonnenen Heilschlick in sich, der aber gut duftet. Es liegt an den zugesetzten Aromen. Diese Seife ist das besondere Elixier von Sylt. Angereichert ist es mit Sylter Quellwasser, das tief unter den Rantumer Dünen aufsprudelt. Somit ergibt sich eine einmalige Mischung aus gesunden, naturnahen Rohstoffen – aus der Tiefe und aus dem Watt. Das Stück zu 135 Gramm kostet 11,50 €. *www.sylterseifen.de*

*Seife - handgemacht mit Schleife*

*Kilometerlange Strände erfreuen das Kinderherz wie hier in Wenningstedt*

# Urlaub mit Kindern - ein Kinderspiel

**Vom InselCircus in Wenningstedt auf Sylt über Erlebniszentren und Mitmachstationen bis zum größten Indoor-Spielplatz Nordfrieslands auf Amrum reicht die Palette. Kitesurfen, Wellenreiten und (Mini-) Golf sind auch dabei.**

### URLAUBSKASSE

Neben Campen und Frühbuchen sind es oft die Schnäppchen in letzter Minute (etwa unter www.sylt.de, Rubrik Übernachten/Last Minute), die beim Sparen zählen. Einkaufen im Supermarkt und sich selbst in Zelt oder Ferienwohnung zu versorgen, das schont die Kasse. Günstiger als das Auto nach Sylt im Zug mitzunehmen, ist das Parken in Niebüll oder Klanxbüll. Auf der Insel gibt es Linienbusse, Leihräder, Leihautos und Taxis sowie Hotelshuttles. Der Sylt Shuttle bietet eine günstige DiMiDo-Fahrkarte für die Wochenmitte an.

### ÜBERNACHTEN MIT KINDERN

Ferienwohnung geht vor Hotel, preislich gesehen. Am günstigsten sind die Wohnungen auf Sylt in Tinnum, denn es befindet sich mittendrin und hat keinen Meerzugang. Andererseits liegt es zentral und bietet alle Möglichkeiten, mal hier, mal da an den Strand zu fahren (mit dem Auto). Auch Westerland hat oftmals östlich

## MIT DER FAMILIE UNTERWEGS

der Nord-Süd-Achse (die heißt Bahnweg oder Trift) günstigere Appartements als direkt am Meer im Westen. In Braderup, Hörnum, List und Rantum sind ebenfalls oft preiswerte Unterkünfte zu finden. Hochsaison ist neben den Schulferienzeiten die Zeit um Weihnachten und Silvester sowie zum Biikebrennen im Februar. Zelten, Übernachten im Wohnmobil und Mobilheime auf dem Campingplatz Rantum sind günstige Alternativen. Föhr bietet »Urlaub auf dem Bauernhof«. Amrum hat öfter günstige Angebote für familienfreundliche Appartements (www.amrum.de/Angebote).

*Nostalgisches Campinggefühl zwischen den Dünen*

### STRAND UND MEHR

Familienfreundliche Strände finden sich in Wenningstedt (es hatte schon immer den Ruf, ein Familienbad zu sein), Westerland, Kampen, Weststrand bei List, Rantum und Hörnum (West- und Oststrand). Dort sind auch Rettungsschwimmer. Es gibt Angebote zum Stehpaddeln, Segeln und Surfen (Hörnum, S. 88). Wer Strandkörbe buchen möchte: am besten schon online von zu Hause. Das ist günstig und sicher. Ein Hinweis auf die anderen Inseln: Amrum hat einen herrlichen Strand, den Kniepsand (S. 146) und Föhr ist auch reich damit gesegnet. Helgoland bietet einen schönen Sandstrand auf der Düne.

## Barrierefrei zum Strand

Strandübergänge für Kinderwagen und Rollstühle sind an den nachfolgenden Stellen bequem möglich:
**Sylt:** Westerland: Café Seenot, Brandenburger Strand, Restaurant Badezeit und Strandstraße. Wenningstedt: Treppenlift Strandstr., Risgap/Parkplatz Horsatal. Kampen: am Roten Kliff. List: zum Oststrand bis Strandbistro L.A.
**Amrum:** Neue barrierefreie Zugänge bei der Touristinformation erfragen.
**Föhr:** Wyk: Strandpromenade hat rollstuhlgerechte Abgänge. Strandrollstühle bei Aquaföhr. Nieblum: Bohlenweg bis zum Strand. Utersum: Vom Parkplatz »Haus des Gastes« barrierefrei, Spielplatz an Strandkorbhalle.
**Hallig Hooge:** Mit dem Hoogemobil elektrisch angetrieben unterwegs.

**MIT DER FAMILIE UNTERWEGS**

### KLEINE UND GROSSE ABENTEUER

Die 26 Meter lange Rutsche an dem Strand in Wenningstedt kann im Sommer täglich von 9 bis 22 Uhr genutzt werden (Strandstraße). Begeisterung löst auch der InselCircus aus (S. 96). Von der Villa Kunterbunt zum Spielen für die Kleinen (4-13 Jahre) in Westerland (Obere Promenade), der Arche Wattenmeer in Hörnum (S. 85) bis zum Erlebniszentrum Naturgewalten in List (S. 111) gibt es Spielspaß und Wissenswertes im Kombipaket. Ein paar Stunden in der Sylter Welle (S. 72) oder im AmrumBadeland (S. 155) gehören dazu. Sylt4Fun in Wenningstedt ist ideal zum Klettern und Toben (S. 96). Wer Minigolf liebt: Wenningstedt (Dünenstr.), Westerland (am Aquarium) und Rantum (Hafenstr.) bieten es an. Aktivitäten auf den Nachbarinseln: Föhr hat zudem ein Maislabyrinth, eine Kinder-Uni sowie Fußballcamps. Amrum versteht sich auf Ü6-Partys am Strand, Teenietreffs und Piratenfahrten mit der MS »Eilun«. Zum Reiten bieten Föhr und Amrum die besten Voraussetzungen. Kitesurfen ist auf allen Inseln beliebt.

### LIEBER NICHT

Nur Banausen setzen sich auf die alten, friesischen Steinwälle. Sie könnten dadurch beschädigt werden und an Halt verlieren. Müll vom Picknick und anderen Unrat am Strand liegen zu lassen, ist ebenfalls verpönt. Die Dünen nur auf den ausgewiesenen Pfaden durchqueren! Wer querbeet läuft, tritt schnell auf den Strandhafer, und der soll dem Sand Halt verleihen. Die Buhnen, die vom Strand aus als Wellenbrecher ins Meer führen, dürfen nicht betreten werden. Wer da

*In List stechen sogar (Teilzeit-) Piraten in See - ein Abenteuer für Kinder*

*Über hölzerne Stege geht es durch die Dünen hinab zum weiten Strand*

abrutscht, wird sich verletzen. Und in der Hauptsaison darf der Hund nur an den Hundestränden unterwegs sein. Davon gibt es viele sowie auch hundefreundliche Unterkünfte. Wer den Kot seines Hundes liegen lässt, wird ebenfalls schräg angesehen. Hundstage werden zweimal im Jahr veranstaltet (in Braderup), und es wartet eine Auswahl an Hundeläden.

Noch eine Warnung: Schwimmen ist sowohl im Norden am Ellenbogen als auch im Süden an der Odde lebensgefährlich – es herrscht zu starke Strömung. An der Westküste sind ausgebildete Rettungsschwimmer im Einsatz, in der Saison täglich von 10.30 bis 17 Uhr. Die gehisste Flagge zeigt die Badezeit an.

## Leuchtende Augen

**Kegelrobbe Willi - Die Fische fliegen ihr zu**

Diese dunklen Knopfaugen! Sie schauen einen so menschlich an, so erwartungsvoll. Willi, die Kegelrobbe, die schon viele Jahre im Hörnumer Hafen zumindest zeitweilig lebt, ist die Attraktion. Kinder lieben sie. Erwachsene kaufen gern am Fisch-Kiosk ein paar grüne Heringe für Willi. Wer sich da etwas umhört, erfährt schnell, dass Willi eine weibliche, wildlebende Kegelrobbe ist. Also wäre wohl Wilhelmine passender. Sie ist eine stattliche Dame von rund 200 Kilogramm, was vermutlich an der überaus kraftsparenden Nahrungsaufnahme im Hafen liegt. Viel zu tun bleibt Wilhelmine da nicht. Die Fische fliegen ihr sozusagen ins Maul. Vor einiger Zeit brachte sie ein Junges zur Welt.

Regelmäßig starten im Hafen Ausflugsfahrten zu den Seehundsbänken. Da sind dann noch mehr Artgenossen von Wilhelmine zu beobachten. Westlich von Amrum befindet sich eine der beiden einzigen Kegelrobbenkolonien Deutschlands. Eine lohnende kleine Schiffstour bietet sich an und ist für die ganze Familie ein Highlight *www.adler-schiffe.de.*

## GEOLOGIE ZUM ANFASSEN

*Rotes Kliff bei Kampen - ein Traum von einem Strand*

# Von Rot bis Weiß – vier farbige Kliffs prägen Sylt

**Es ist eines der markantesten Erkennungszeichen der Insel: das Rote Kliff bei Kampen. Weniger bekannt sind: das Grüne Kliff in Keitum, das geologisch spektakulärste – das Morsum-Kliff – sowie das Weiße Kliff bei Braderup.**

### EIS SCHOB DIE TERRA ROSSA IN DIE HÖHE

Das Ruarkleff, wie die Einheimischen sagen, ist schon seit dem 16. Jh. auf Seekarten verzeichnet und schmückt seit dem 18. Jh. viele Wohnzimmer (S. 103). Schon die ersten Sylt-Maler nahmen es sich als stattliches Motiv vor. Gern wurde das natürliche Rot, das vom eisenhaltigen Geschiebelehm herrührt, noch auf der Leinwand verstärkt. Das Rote Kliff ist auf seinen etwa vier Kilometern Länge zwischen Kampen und Wenningstedt den Sturmfluten ausgesetzt und büßt oft etwas von seiner Substanz ein. Früher gingen jährlich ein bis vier Meter der Abbruchkante im Meer verloren, jetzt ist das etwas gebremst worden. Das Haus Kliffende ist besonders gefährdet, steht aber noch dank der Schutzvorkehrungen.

## GEOLOGIE ZUM ANFASSEN

Die Eiszeit vor rund 190 000 Jahren schob die fast 30 Meter hohe Grundmoräne zum Roten Kliff zusammen. Diese Terra rossa aber ist weitaus älter und stammt aus dem subtropisch-humiden Klimabereich, in dem dieser Erdteil einst lag. Böden dieser Art sind eher vom Mittelmeerraum bekannt. Ihr Eisengehalt liegt bei etwa zehn Prozent, und er ist es, der die Rotfärbung ausmacht.

### KEITUM HAT DAS GRÜNE KLIFF

Der Name Kliff ist hier eine Kategorie zu groß gewählt – an der Wattküste von Keitum befindet sich eine immerhin an einigen Stellen 13 Meter hohe Kante, die bewachsen ist. Gräser, Wildkräuter, Moose und Flechten gedeihen hier in grün-bunter Eintracht. Der drei Kilometer lange Weg entlang des Wassers führt von der Straße Am Tipkenhoog an der früheren Bauruine und Nielsens Kaffeegarten vorbei bis etwa zur Höhe der Keitumer Kirche. Der Kurweg ist bei Keitumern wie bei Gästen äußerst beliebt. Viele gehen ihn weiter bis Munkmarsch. Der Weg am Grünen Kliff ist auch aus einem weiteren Grund begehrt: Hier wird traditionell zu Ostern das Eierwerfen praktiziert. Wer seine mitgebrachten Hühnereier am weitesten werfen kann, ohne dass die Schale zerbricht, ist König oder Königin. Gräser und Moose dämpfen den Aufprall.

### DAS MORSUM-KLIFF BIETET EINE ZEITREISE

Es ist ein gekipptes Dreischichtmodell, nicht nur für Geologen ein Highlight. Böden aus drei Epochen sind nebeneinander zu sehen, fast wie bei einem Kuchen. Eiszeitgletscher haben vor rund 150 000 Jahren die Schichten senkrecht gestellt. Seitdem sind sie gut

*Auch am Wattenmeer in Keitum lässt sich gut spazierengehen*

## GEOLOGIE ZUM ANFASSEN

sichtbar, vorher lagen sie in der Tiefe. Das fast zwei Kilometer lange, 20 Meter hohe Kliff in Morsum (S. 136) gehört zu den wichtigsten geologischen Denkmälern Deutschlands und ist mit der großen Heidelandschaft und den Hünengräbern nebenan als eines der ersten Gebiete in Schleswig-Holstein schon 1923 unter Naturschutz gestellt worden. Wichtigster Treiber dazu war der Natur- und Kunstliebhaber Ferdinand Avenarius (S. 40). Tatsächlich sollten Teile des Kliffs weggebaggert werden, um die Erde für den Hindenburgdamm zu nutzen.

*Felsformation aus rotem Limonitsandstein am Morsum-Kliff, dahinter ein Hang aus weißem Kaolinsand*

Die Schichten sehen so aus: Blauschwarz schimmert der Glimmerton. Er ist neun bis elf Millionen Jahre alt. In ihm sind noch Fossilien wie Krebse und Schnecken zu finden. Der braunrote Limonitsandstein entstand vor vier bis fünf Millionen Jahren und bildet die nächste Schicht. Es ist ein abgelagerter, verwitterter Meeressand. Die jüngste Schicht besteht aus weißem Kaolinsand, der zwei bis drei Millionen Jahre alt ist. Darin sind versteinerte Korallen und Seelilien versteckt. Diese Lebewesen hatten ihre Zeit vor rund 500 Millionen Jahren. Wer sie entdeckt, kann sich wie auf einer Zeitreise fühlen. Bis die Saale-Gletscher kamen, lagen diese drei Schichten übereinander, die älteste unten.

Der spannende Weg am Kliff entlang beginnt am Parkplatz etwa zwei Kilometer östlich von Morsum und führt zu einer Aussichtsplattform. Es gibt auch Erläuterungstafeln sowie Führungen. Dann geht es hinab zum Ufersaum und auf einem Rundweg zurück. Und noch ein Tipp: Auf der Morsumer Heide befindet sich das größte zusammenhängende Hünengräbergelände in Deutschland. Munghoog und Markmannhoog sind die bekanntesten dabei.

### DAS WEISSE KLIFF BEI BRADERUP

Es ist der helle Kaolinsand, der an der Wattseite Sylts an die Oberfläche tritt. Von Braderup aus ist das bis zu 15 Meter hohe Weiße Kliff (S. 98) gut zu erwandern. Das Witklef ist ein altes Delta eines Flusssystems, das

## GEOLOGIE ZUM ANFASSEN

vor zwei bis drei Millionen Jahren hier mündete. Es gehörte zu Skandinavien, das sich damals bis hierher ausbreitete. Wer Glück hat, findet im Sand noch Edel- und Halbedelsteine in Miniaturform. Doch ist es schon ein erhabenes Gefühl, durch die Heidelandschaft entlang des Watts zu gehen und die vielen Kräuter und Blumen zu sehen und zu riechen.
So bieten die vier Kliffs auf Sylt jedem etwas, sind unterschiedlich in ihrer Entstehung sowie Zusammensetzung und ergeben zusammen ein ganz eigenes Bild dieser Insel. Kenner besuchen sie alle vier und erfreuen sich an der Lage, dem Wind und den Wellen davor.

### Gefährdet durch Stürme und Wanderer

Obwohl das Suchen nach Fossilien erlaubt ist, sollte niemand versuchen, größere Teile aus den Kliffs herauszubrechen. Die Stürme tun ihr Werk, besonders am Roten Kliff, das den von Westen heranpeitschenden Wellen ausgesetzt ist. Die übrigen drei Kliffs sind weniger gefährdet. Doch ist es auch hier unbedingt ratsam, die festgelegten Wege nicht zu verlassen. Wer sich von oben die Böschung herunterlässt, reißt oft Pflanzen und Wurzeln mit sich. Gerade die aber sind für den Halt und die Statik der Erde wichtig. Es ist auf Sylt ein Teil des Küstenschutzes, diese Kliffs zu erhalten – abgesehen von ihrer sonstigen Schönheit.

*Im Sommer ist die Braderuper Heide ein violettes Blütenmeer*

# Weltnaturerbe unter den Füßen

**Die Mikrowelt des Wattenmeeres erklärt sich nicht von selbst. Wer im größten Nationalpark Deutschlands unterwegs sein möchte, sollte sich einem Wattführer anvertrauen. Und er weiß auch, wann die Flut kommt.**

**Vorsicht:**
*Auch im Sommer nicht barfuß gehen, denn die Muscheln schneiden leicht die Füße blutig. Es gibt spezielle Wattschuhe oder Gummistiefel. Notfalls in Sportschuhen gehen oder festen Strümpfen. An Sonnenschutz denken!*

Der Wattführer hat jetzt eine Herzmuschel ausgegraben. Es ist eines der rund 100 000 Kleinstlebewesen, die einen Kubikmeter Watt bereichern. Seit 2009 gehört der Nationalpark Wattenmeer zum UNESCO-Weltnaturerbe und ist somit auf einer Stufe wie das Great Barrier Reef in Australien oder der Grand Canyon in den USA. Nur sieht das Ganze zwischen den Füßen der Wattwanderer weniger spektakulär aus.

Da aber kann der Wattführer helfen, denn er hat nun noch mehr Herzmuscheln gefunden und füllt sie alle zusammen mit dem rasch geschöpften, salzig-trüben Meerwasser in einen durchsichtigen Behälter. Später, als die Gruppe nach etwa zwei Stunden wieder zu dem Punkt kommt, an dem er den Behälter zurückließ, sind alle erstaunt. Die Herzmuscheln haben inzwischen ganze Arbeit geleistet und die »Brühe« in reines Trinkwasser verwandelt. »Wer hiervon einen Schluck nimmt«, prophezeit der Wattführer, »wird hundert Jahre alt.« Einige zögern, andere probieren etwas davon. »Schmeckt und ist glasklar«, bestätigt einer aus der Gruppe.

*Einen Katzensprung entfernt: Wattwanderung von Dunsum auf Föhr nach Amrum*

# UNTERWEGS IM WATT

## Die Flut naht

Erst neulich wieder mussten Seenotretter ausrücken, weil ein Vater mit zwei Kindern im weichen Schlick fernab vom Ufer nach Muscheln suchte und den Tidenkalender nicht angeschaut hatte. Das Wasser läuft bei aufkommender Flut schneller zusammen als »Landeier« so vermuten. Im Nu stand der Vater bis zum Hals im Wasser und hob mit letzter Kraft seine zehn und zwölf Jahre alten Kinder in die Höhe und auf seine Schultern. Einen Notruf konnte er nicht absetzen – kein Handyempfang. Zum Glück hatten ihn andere Urlauber gesehen und alarmierten die Seenotrettung. Da der Hubschrauber nicht landen konnte, da das Wasser schon zu hoch stand, kamen die Seenotretter und holten die drei Menschen in buchstäblich letzter Sekunde in ihr Boot. Geschafft (waren alle)!

*Herzmuscheln im Watt*

Die Wattläufer haben noch mehr erfahren: wie Zugvögel sich ernähren, was Priele sind und warum sie sich bei Flut so schnell füllen. Und was Wattwürmer leisten. Sie wiegen rund 50 Gramm, sind rotbraun und 20 bis 40 Zentimeter lang. Alle 30 Minuten kommen sie aus einer horizontalen Röhre und stoßen den verspeisten Sand aus – in Kringeln, die so typisch sind für das Watt. Die Teilnehmer zerreiben am Ende etwas Schlick zwischen den Fingern und riechen daran. Es ist ein durchweg sinnliches Erlebnis mit vielen neuen Erkenntnissen.

### NATIONALPARK

Die Wattflächen der Inseln gehören zum Nationalpark Schleswig-Holsteinisches Wattenmeer, er umfasst 4410 Quadratkilometer – das ist mehr als achtmal die Fläche des Bodensees. Der größte Nationalpark Deutschlands reicht von der Elbmündung bis zur Grenze Dänemarks (westlich und nördlich schließen sich die Wattflächen weiterer Nationalparks an). 68 Prozent liegen ständig unter Wasser, 32 Prozent fallen periodisch trocken. Besonderheiten im Park: Schweinswale, Robben, Brandgänse und Seegräser.

### Wattwanderung

Sylt: Erlebniszentrum Naturgewalten in List, Hörnum, Naturzentrum Braderup

*Altes Uhlenkamp-Haus um 1910*

# Plötzlich wirkten 300 Maler auf Sylt

**Eine »Künstlerkolonie« wie andernorts gab es hier nie. Die Künstler pflegten ihre Individualität, verabredeten sich aber gern. Die magische Ausstrahlung der Insel und ihre landschaftliche Schönheit förderten ihre Kreativität.**

### DIE INITIALZÜNDUNG WAR 1903 IM HAUS UHLENKAMP IN KAMPEN

Erich Heckel zog es von 1921 bis 1965 immer wieder nach Kampen. Der Maler und Grafiker war nicht der erste und nicht der letzte, den die Magie des Ortes anzog. Seine Strand-, Dünen- und Wolkenlandschaften bei Kampen stehen für eine breite Bewegung von »Sylt-Malern«. Es war der Schriftsteller Ferdinand Avenarius (s. Kasten S. 40), der von 1903 an in seinem Haus Uhlenkamp in Kampen die Initialzündung auslöste. Er lud Landschaftsmaler wie Eugène Dücker und Carl Irmer aus Düsseldorf in sein Haus, Vertreter des modernen Rationalismus. In dieser Zeit wuchs die Faszination für Motive von der Insel schlagartig. Mehr als 300 Maler weilten und wirkten in der Zeit bis zum Ersten Weltkrieg auf Sylt.

Gleichwohl gab es nie eine »Künstlerkolonie« wie an anderen Orten. Jeder arbeitete für sich. Man traf sich zwar, aber legte Wert auf eigenständiges Arbeiten in freier Natur. Während der eine mit der Staffelei zum Ellenbogen zog, nahm sich der andere die bewegten Wellen am Roten Kliff vor und versuchte, sie auf die Leinwand zu bannen. Beliebt waren auch Badende als Motiv, stilvoll verhüllt bis zur Halskrause. Die Nacktheit kam erst später. Erich Heckel schließlich entwickelte sich zu einem der Hauptvertreter des deutschen Expressionismus und gründet mit anderen die Künstlergruppe »Die Brücke«. Heckels Leben wird auch an einer Station im Kunst- und Kulturpfad Kampen beschrieben (s. Kasten S. 41). Die unberührte Natur wie auf Sylt ist es nun, die in Aquarellen festgehalten wird.

### AVENARIUS FÖRDERTE JUNGE KÜNSTLER
Er vergab sogar Stipendien an junge Künstler und holte Johann Vincenz Cissarz, Ernst Kreidolf und Wilhelm Steinhausen nach Kampen. Es tauchten noch vor 1914 auf Sylt Malerpersönlichkeiten auf wie Lovis Corinth und Walter Leistikow aus Berlin, auch Hans Hartig und Robert Breyer. Richard Kaiser kam aus München, Ivo Hauptmann aus Weimar, Jean Paul Kayser aus Hamburg. Hugo Köcke, Anita Rée, Helene Varges, Magnus Weidemann, Carl Christian Feddersen oder auch Albert Aereboe siedelten sogar auf die Insel über.

### EMIL NOLDE WURDE INSPIRIERT
Später erst kam Emil Nolde (1930), dessen Werke in Seebüll nördlich von Niebüll nahe der dänischen Grenze in seinem Haus zu bewundern sind. Er produzierte damals innerhalb weniger Tage wie am Fließband

*Emil Nolde
Frauenbildnis (1930)*

16 Gemälde, so vollkommen fasziniert war der Künstler von den Farben und Formen der Natur. In deutschen Kunstmuseen sind Noldes Bilder weit verbreitet, doch hier steht deren Wiege.

Sylt erfuhr in jener Zeit einen Ewigkeitscharme, der auch andere ansteckte. Künstler gingen in der Pension Kliffende von Clara Tiedemann ein und aus, ebenso im Haus des Kunsthistorikers Fritz Wichert. Der Direktor der Mannheimer Kunsthalle (ab 1909) ließ sich vom Architekten Walther Baedeker 1936 seinen Wicherthof in Kampen bauen (auch auf dem Rundgang zu sehen).

## Avenarius steht für Kunst und Natur

Von 1903 bis zu seinem Tode 1923 verbrachte der 1856 in Berlin geborene Schriftsteller und Kunstförderer Ferdinand Avenarius seine Sommer vorwiegend in Kampen. »Ein feiner, hochkultivierter Mann«, bescheinigten ihm Zeitgenossen, die wie er die Insel schon beim ersten Besuch in ihr Herz schlossen. Sofort ließ Avenarius in Kampen ein friesisch-schweizerisches Haus bauen. Es hatte auf dem Reetdach eine Vertiefung, in der er nackt in einer Kupferbadewanne liegen konnte. Er lud auch Freunde dazu ein. Der Herausgeber des »Kunstwarts«, einer führenden Kulturzeitschrift, gründete schon bald mit dem Arzt Knud Ahlborn die deutsche Jugendbewegung, die sich 1919 im nahen Klappholttal ansiedelte und am Strand die Freikörperkultur praktizierte. Es ging um die Erholung Jugendlicher und die gesundheitsfördernde Wirkung der Sonne sowie der jodhaltigen Luft am Strand. Avenarius war ein Naturfan. Darum setzte er sich auch stark für den Erhalt der Sylter Natur ein. Sie war dem einstigen Philosophie- und Naturwissenschaftsstudenten äußerst wichtig. So entstand eine der ersten Umweltbewegungen in Deutschland. Zusammen mit anderen verhinderte er 1923 erfolgreich, dass zum Bau des Hindenburgdamms Teile des Morsumer Kliffs abgetragen wurden. Avenarius wurde zum »Retter des Kliffs«. Wenige Monate vor seinem Tod 1923 wurden auf Sylt die ersten Naturschutzgebiete ausgewiesen – auch sein Erfolg. Begraben ist Avenarius, der erste Ehrenbürger Kampens, auf dem Keitumer Friedhof. Sein Haus Uhlenkamp steht leider seit 1968 nicht mehr.

*Ferdinand Avenarius (1856-1923)*

## KUNSTGENUSS

Es ist diese Insel-Aura, die bis heute Maler inspiriert. Die Kunstszene ist in Kampen weiter aktiv. Es wohnen einige Künstler im Ort, die Mensch und Meer, Himmel und Strand in traumhafte Bilder verwandeln. Kreativität spielt eine große Rolle. Da sind Nagelbilder mit Seidengarn auf Treibholz zu entdecken oder originelle Tapetenmuster. Thomas Landt ist einer der Künstler. Er lebt seit 2010 in Kampen und führt auch öfter über den Kunst- und Kulturpfad. Breiten Raum nehmen in Kampen die Galeristen ein. Sie haben einen spannenden Fundus an Werken von früher und heute zu bieten. Ein Bummel lohnt sich, denn Gemälde gehören zur Identität des Ortes. Dazu eröffnen immer wieder ungewöhnliche Ausstellungen. Es lassen sich auch Seminare belegen, in denen das Malen gelernt werden kann. Abgerundet wird das durch viel beachtete Konzert- und Literaturreihen. Als Mitbringsel empfiehlt sich dann der Kampener Künstlerwein.

### Auf dem Kunst- und Kulturpfad

Eine kleine Zeitreise zu Fuß bietet dieser rund fünf Kilometer lange Rundweg durch Kampen. Auf 33 beschrifteten Bronzegussplatten wird an Dichter, Denker und durchreisende Künstler erinnert. Ob Thomas Mann, Max Frisch oder Peter Suhrkamp – sie werden alle mit ihrem Bezug zu Sylt erwähnt. Über einen QR-Code gibt es Zugang zu weiteren Hintergründen; im Kaamp-Hüs (Hauptstr. 12) ein Begleitheft sowie Führungen *www.kampen.de.*

*Auf Bronzeplatten in Kampen sind Künstlerzitate verewigt*

**SO FEIERT SYLT**

*Ein unvergessliches Erlebnis ist die Teilnahme am Fackellauf in Hornum*

# Mittsommernacht verbreitet hohe Magie

**Auf Sylt sind die Nächte kurz, das mag für manchen am langen Feiern liegen, aber der objektive Grund ist die geografische Lage so weit im Norden Deutschlands.**

Kürzere Nächte sind in Deutschland nicht zu haben als um den 21. Juni. Es ist Mittsommernacht. Auf allen Inseln Nordfrieslands wird die Sommersonnenwende kräftig gefeiert. Es sind auf Sylt zwar keine »weißen Nächte« wie in Skandinavien oder dem Baltikum, aber der Tag ist mit 17 Stunden und 19 Minuten so lang wie sonst nirgends in Deutschland. Zum Vergleich: München hat an dem Tag eine Stunde und 18 Minuten weniger Helligkeit zu bieten. Dort geht die Sonne um 5.14 Uhr auf, während es in List schon um 4.47 Uhr hell ist. Der Sonnenuntergang ist entsprechend später als im Süden des Landes.

### WAS, WIE UND WO WIRD GEFEIERT?

Aus keltischer Zeit stammen die Sonnenwendbräuche, die auch in Skandinavien fest im Kalender verankert sind (Midsommar in Schweden). Druiden empfahlen das Sammeln von Kräutern, da diese dann besondere Kräfte verleihen. Heute geht es um Tanz und Gesänge, und getragen werden oftmals weiße oder blumige Kleider. Es ist Ausdruck der Freude über den

**SO FEIERT SYLT**

lauen Sommerabend und etwas Wehmut, denn nun kündigt sich langsam schon der Herbst an. Christen feiern (nach dem Julianischen Kalender am 24. Juni) das Hochfest Johannes des Täufers. Die Johannisnacht ist die auf den 24. Juni.

### EINE BESONDERHEIT SIND WANDERUNGEN BEI NACHT

Die Nachtwanderung auf dem »Sylter Johannisweg« ist besonders beliebt. Es geht um 22 Uhr in Keitum los. Die Pilger treffen am Morgen um 6 Uhr in List ein zum Frühgottesdienst in der Kirche St. Raphael. Den Weg entlang der Wattenmeerküste und am weißen Kliff vorbeizugehen, ist ein Erlebnis. Viele Gäste nehmen auch an der Fackelwanderung um die Sylter Südspitze teil. Es geht am 20. Juni um 22.30 Uhr am Tourismus-Service Hörnum los. Die Fackeln werden ausgegeben. Nach etwa 1,5 Stunden sind alle am Oststrand, wo Musik, Snacks und Getränke zur weiteren Feier einladen. Tradition hat auch das Mittsommernachtsfeuer an Buhne 16 in Kampen. Am 20. Juni gegen 18.30 Uhr wird das trockene Holz angezündet. Es gibt Livemusik. Oft dauert die Feier an der Bar und auf dem Strand bis zur nächsten Dämmerung.

Auch auf Amrum wird gefeiert: mit Blaskapelle und Trachtengruppe am Nebeler Strand. Und auf dem roten Felsen von Helgoland warten derweil alle auf den »Lummensprung«. Mitte Juni wagen sich die ersten Küken der Trottellummen in die Nordsee, ein Naturspektakel, das viele Gäste jedes Jahr auf die Insel lockt.

---

**Fackelwanderung in Hörnum:** 20. Juni, 22.30 Uhr, einmal um die Südspitze bis zum Oststrand unterhalb des Leuchtturms, DJ und Getränke warten dort, *www.hoernum.de*
**Mittsommernachtsfeuer in Kampen:** 20. Juni, 18.30 Uhr, anschließend Livemusik, *www.buhne16.de*
**Nachtwanderung Sylter Johannisweg:** variabler Termin rund um Mittsommernacht, Start 22 Uhr in Keitum, Ankunft 6 Uhr in List, Kosten für Verpflegung und Begleitung. Anmelden unter: *www.st-severin.de*, Tel. 046 51/317 13.
Weitere Termine und Angebote zum Mittsommer wie Yoganacht oder Golfen unter *www.sylt.de* sowie *www.amrum.de*, *www.foehr.de* und *www.helgoland.de*.

## GESTERN UND HEUTE

# Hügel im Meer – das zog Jäger an

**Geestrücken ragten aus dem Meer: Das zog schon vor Tausenden von Jahren die Menschen auf die Insel. Sie lebten vom Ackerbau und Fischfang. Dann versandete Sylt. Erst die Friesen im 8. Jahrhundert belebten das Eiland erneut – und blieben bis heute.**

### DIE ERSTEN MENSCHEN AUF SYLT

Zwei aus der umliegenden Marsch aufragende Geestrücken (Sandrücken) bei Morsum und in Westerland ließen die Insel schon in der Jungsteinzeit ein Ziel der frühen Jäger werden. Es gab offenbar Landverbindungen und seichte Stellen im Meer. Relikte aus der Zeit existieren aber nicht auf Sylt. Doch waren es dann die ersten bäuerlichen Siedler, die sich zumindest kurzzeitig auf diesen Geestrücken niederließen und Früchte anbauten. Sie wohnten auf dem kargen Landstreifen und mussten viele Fische fangen, um zu überleben. Die ältesten Zeugnisse sind die Megalithgräber von vor mehr als 5000 Jahren. Das größte erhaltene in Nordeuropa ist der Denghoog in Wenningstedt (S. 94). 47 Megalithanlagen als Gräber oder für kultische Feiern sind auf Sylt gefunden worden.

In der Bronzezeit (2200-800 v. Chr.) war Sylt dann schon kräftig von Bauern besiedelt. Den Menschen ging es offenbar gut, was reiche Grabfunde belegen. Der Meeresspiegel lag damals etwa drei bis fünf Meter niedriger als heute. Die ältesten römischen Schreiber berichteten aus dem Jahr 12 v. Chr. von germanischen Stämmen auf Sylt. Die Römer waren vom Meer aus unterwegs, die Gegend auch nördlich von Weser und Elbe zu erkunden. Mehrere Jahrhunderte war die Insel kaum besiedelt, sie versandete. Dann aber, im 8. Jh., kamen die Friesen und besiedelten erneut die Geestrücken. Sie betrieben Ackerbau – und blieben.

*Eine Dampflokomotive fährt über den 11 km langen Hindenburgdamm*

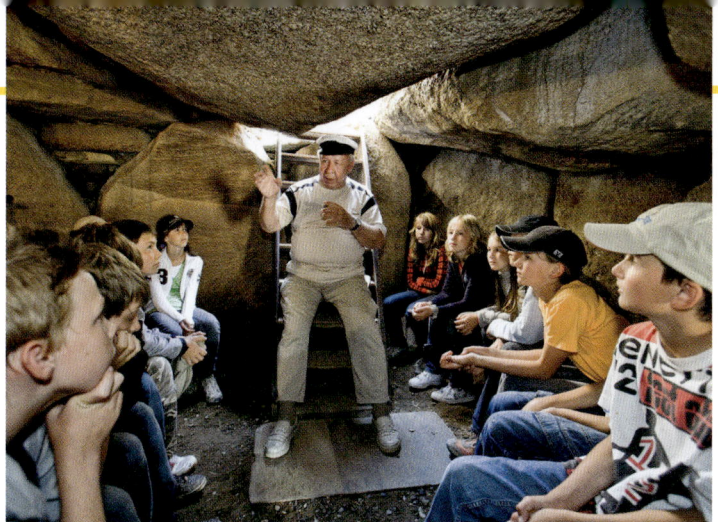

*Im Grabhügel Denghoog in Wenningstedt wird Geschichte lebendig*

## GETEILTE INSEL UND EIN VOLKSENTSCHEID

Seit dem Mittelalter gehörte Sylt zum dänischen Herrschaftsgebiet. In der Schenkungsurkunde des dänischen Königs Erik II. an das Kloster Odense von 1141 taucht erstmals der Name der Insel auf: Sild. Während der südliche Teil der Insel zum sich herausbildenden Herzogtum Schleswig (war auch Teil Dänemarks) gehörte, war das Listland im Norden (zwischen der Vogelkoje bei Kampen und dem Ellenbogen) seit 1292 Teil der dänischen Stadt Ribe. Für die Dänen war der Königshafen bei List von großem strategischen Wert. Nach dem deutsch-dänischen Krieg kam Sylt (außer dem Listland) dann 1866 zu Preußen und wurde in die Provinz Schleswig-Holstein eingegliedert. Das Herzogtum Schleswig hatte bis dahin zu Dänemark gehört. Der dänische König war nämlich auch Herzog von Schleswig-Holstein und Lauenburg. Das Listland bildete weiter eine eigene Gemeinde, die zu Tondern gehörte. Doch gab es dort im Norden auch um 1900 nur einen Ost- und einen Westhof sowie rund 100 Bewohner. Bei der Volksabstimmung 1920 über den Verbleib des nördlichen Teils vom alten Herzogtum Schleswig gelangte zwar das Listland zu Sylt und somit zu Deutschland, aber der einst deutsche Hafen Hoyer zu Dänemark. Über Hoyer kamen die Urlauber per Schiff nach Sylt. Nach Abwägung aller Pro und Kontra entschied man in den 1920er-Jahren, einen Damm für die Eisenbahn vom Festland auf die Insel aufzuschütten, den Hindenburgdamm (S. 50).

**Dänische Kirche**
*Seit der Renovierung 2015 strahlt die Kirche der kleinen dänischen Minderheit in frischem Weiß (Ballumweg 3 in Westerland). Gäste sind willkommen.*

## WESTERLAND WIRD SEEBAD

Es waren 98 Gäste in der ersten Saison, die im 1855 frisch gekürten Seebad Westerland zur Kur kamen. Es gab das Damenbad im Süden und im Norden das Herrenbad. Immerhin durften Männer und Frauen dann ab 1902 im »Familienbad« erstmals gemeinsam baden. Das war fortschrittlich. Die auch dann noch bis zum Hals bekleideten Schwimmer stiegen vom Badekarren aus ins Wasser und hielten ihren Körper in die Wellen. Das lief so ab: Die hölzernen Umkleidekabinen auf Rädern wurden mit Badegast und Personal in die Brandung geschoben. Über eine vom Strand abgewandte Tür ging es – in voller Bademontur – über eine Treppe ins Wasser. Nichtschwimmer konnten sich an einem Seil festhalten und mehrmals in den Wellen stehend den Kopf ins Wasser halten. Seitlich war noch ein Vorzelt als Sichtschutz angebracht. Nach dem Bad konnte sich der Gast sofort im Karren umziehen und wurde dann zum trockenen Strand zurückgeschoben.

Der Westerländer Arzt Otto Jenner hatte schon vor Jahren gefordert: Man bade ohne Kleider. Das sei gesünder für den Körper. Doch das dauerte noch ein paar Jahre, bis sich das jemand traute. Die Gäste brauchten nun auch Hotels und Herbergen. Als erstes wurde 1858 die Dünenhalle in der Deckerstraße in Westerland eröffnet (später Hotel Union). Das Haus stand bis 2002. Westerland erhielt 1905 das Stadtrecht und verbuchte einen Zuzug an Bewohnern. Für den Ort war das ein Segen, denn die Bewohner waren verarmt: Das fruchtbare Marschland wurde vom Meer weggespült, die Äcker waren schnell

**Badekarren**
*Sie boten einen trockenen Weg ins Wasser, waren Umkleidekabine und Sichtschutz zugleich*

---

# Schlüsselereignisse

**1. Sild erstmals genannt**
1141 wird in einer dänischen Schenkungsurkunde erstmals der Name der Insel aufgeführt.

**2. 1855 Seebad**
Vom Badekarren aus begeben sich voll bekleidete Frauen und Männer in die Fluten vor Westerland.

**3. Volksabstimmung 1920**
Bei der Abstimmung 1920 stimmten 88,4 Prozent der Sylter für den Verbleib bei Deutschland. Sie wollten nicht zu Dänemark gehören.

## GESTERN UND HEUTE

von den Dünen versandet. Zuvor war Keitum der Hauptort der Insel; dort gab es bis etwa 1902 die einzige Inselapotheke. Wer sich die Sylter Geschichte vom 18. und 19. Jh. vor Augen führen will, kann bei den Aufführungen der »Living History Sylt« zuschauen. Es wird in authentischer Kleidung an Originalschauplätzen gespielt (www.living-history-sylt.de). Von Mai bis September werden die Touren in Keitum angeboten. Rechtzeitig reservieren!

## Am Puls der Zeit

**Wohnungsnot hat ihre (Ab)gründe**

Der Campingplatz in Morsum ist beliebt, weil sich hier Wohnanhänger und -wagen mieten lassen und es nicht weit zum Bahnhof ist. So sparen sich die Zeitarbeiter wie Kellner oder Taxifahrer die tägliche Fahrt aufs Festland. Das tun aber täglich in der Hochsaison bis zu 6000 Pendler. Wohnen auf der Insel ist für die meisten Saisonkräfte außerhalb des Budgets. Aber nicht nur für sie. Mietwohnungen sind ohnehin kaum zu finden. Das spüren auch die Einheimischen. Zu gern werden Ferienwohnungen an Urlauber vermietet. Das ist für die Besitzer lukrativer. Nur etwa ein Prozent der Einheimischen besitzt noch Grund und Boden auf Sylt. Oft sind die erwachsenen Kinder schon vor langer Zeit aufs Festland gezogen, haben irgendwo nach der Ausbildung eine Stelle gefunden. Wenn die Eltern auf der Insel gestorben sind, bleibt für die Erben die Frage, was mit dem leeren Haus geschehen soll. Meist wird es für einen hohen Preis verkauft. Der Investor baut auf der Fläche dann eine Vielzahl von »Hausscheiben«.

*Häuser mit Reetdach in List*

Das ist der Mechanismus, der kaum zu durchbrechen ist. Das Wohnen in diesen Häusern, wenn sie überhaupt vermietet werden, ist immens teuer. Klar ist: Der Tourismus ist die Triebfeder für die Wirtschaft der Insel. Alle anderen Branchen wie das Handwerk oder der Einzelhandel sind davon abhängig. Eine Mietpreisbremse für einige Orte auf Sylt ist zwar 2015 eingeführt worden, aber Neubauwohnungen und Erstvermietungen nach Modernisierung sind ausgeklammert. Nach Angaben der Wohnungsbörse lag der Mietpreis 2018 pro Quadratmeter bei 23,72 € (bei einer Größe von bis zu 30 Quadratmetern). In Schleswig-Holstein liegt der Wert bei 8,90 €.

*Die Alte Landvogtei in Tinnum ist heute ein Privathaus*

# Auge der Macht: die Alte Landvogtei

**Als die Dänen Sylt regierten – also über viele Jahrhunderte –, war Tinnum die Hauptstadt. Hier saß der Verwalter und sprach Recht, jedenfalls aus Sicht der Dänen. Die Alte Landvogtei in Tinnum war das Zentrum der Macht.**

Es ist eines der ältesten noch existierenden Häuser auf Sylt: die Alte Landvogtei in Tinnum, 1649 erbaut für die Landvögte (S. 132). Sie sorgten im Auftrag des dänischen Königs auf der Insel bis 1866 für Recht und Ordnung und hatten in diesem Haus ihren Sitz. Es ist nur von außen zu besichtigen (Straße Kampende), denn es befindet sich im Privatbesitz und ist bewohnt. Das Reetdachhaus mit den nicht mehr originalen Türen und Fenstern kann immer noch als friesisches Prachtstück durchgehen. Und mit etwas Fantasie lässt sich ausmalen, wie drinnen die Statthalter der Dänen Gericht hielten, Verurteilte ins einzige Gefängnis der Insel steckten (praktischerweise auch im Haus) und Verwaltungsbücher vollschrieben. Es war nicht das erste Haus, das die Dänen errichten ließen: 1547 regierte in Tinnum der erste Landvogt namens Andreas Früdden. Dazu gab es in Tinnum die erste Landvogtei.

## ORTE, DIE GESCHICHTE SCHRIEBEN

Als der zweite dann um 1600 antrat (er hieß Knut Taken), musste er das schicke Gebäude schon wieder aufgeben. Es stand zu dicht am (Hoch-)Wasser und wurde ständig überflutet. Dabei ist Tinnum als zentraler Ort auf Sylt und abseits der Brandung der Nordsee schon gut gewählt.

### DIE NEUE LANDVOGTEI

Peter Taken I. baute dann 1649 die Neue Landvogtei am Kampende. Sie wurde später erweitert und war ein recht nobles Gemäuer. 1825 übernachtete darin sogar der dänische König Friedrich VI. Er ließ sich von Landvogt Martin Thomsen erläutern, wie es bei den Syltern so zuging, warum sie manchmal widerspenstig sind und warum nicht mehr Einnahmen – sprich: Steuern – von ihnen zu bekommen seien. Zeigte jedoch einer der Landvögte zu viel Eigensinn oder Sympathien für Freiheitskämpfer, wie etwa Uwe Jens Lornsen (S. 131), dann wurde er vom König kurzerhand abgesetzt. Eigenmächtigkeit eines Statthalters war nicht gefragt. Das Innere der Landvogtei glänzte vor allem durch den Piisel. Das ist die »gute Stube«, also ein Raum, der nur sonntags oder zu besonderen Anlässen benutzt wurde. In alten noblen Bauernhöfen war das Standard. Weil es aber nicht lohnte, diesen Raum zu heizen, baute man erst gar keinen Ofen ein. Daher kam der Name »kalte Pracht«. Die Wände zierten bemalte Holztafeln. Oft schmückten hellblaue Musterkacheln die Mauern nach draußen. Im Altfriesischen Haus in Keitum (S. 125) ist ein komplett eingerichteter, hübscher Piisel zu bewundern. So einen gab es auch in der Tinnumer Landvogtei. Neben dem Raum befand sich die Kööv. Das ist die Wohnstube für den Alltag. Der Bilegger, der Kastenofen, brachte die Wärme. Die Fliesen rund um diesen Ofen sollten die Temperaturen möglichst lange halten. Im Alkoven (einer Bettnische) des Kööv schliefen die Eltern. Sie war also auch leidlich warm. Die Landvögte auf Sylt wohnten besser als die einfachen Bauern. Als dann 1866 die dänische Herrschaft endete, gab es weiterhin einen Landvogt. Doch der war nun im Packhaus von Keitum (S. 124) untergebracht.

*Historische Aufnahme um 1920*

# Syltpanorama aus dem Autozug

**Es ruckelt und quietscht, doch der Ausblick ist enorm (jedenfalls vom oberen Deck der Waggons). Die – stehende – Annäherung ans Urlaubsziel gibt es so nirgends sonst.**

Wer gemütlich am Steuer seines stehenden Autos sitzt, sich so vom Sylt Shuttle (oder dem Autozug Sylt vom RDC) auf den Gleisen durchs Wattenmeer schaukeln lässt, bewegt sich auf einem historischen Bauwerk. Der Hindenburgdamm wurde eigens für den Eisenbahnverkehr aufgeschüttet und am 1. Juni 1927 vom damaligen Reichspräsidenten Paul von Hindenburg feierlich eröffnet. 50 Meter Sohlenbreite, darauf die elf Meter breite Dammkrone und das Ganze nicht höher als zehn Meter – so sieht der Querschnitt dieses legendären Dammes aus. Der Autozug braust in 35 Minuten von Niebüll nach Westerland oder umgekehrt darauf entlang. Die Gäste genießen von ihren Autositzen aus das weite Panorama der Insel (bei der Anfahrt) oder vom Festland (bei der Rückreise). Es ist eine ehrwürdige Annäherung an das Eiland oder ein gemächlicher, nachschauender Abschied. Es ist ein Blick auf den weiten Horizont, auf Himmel, Wattenmeer und Windräder. So eine Art von Überfahrt gibt es in Deutschland nicht noch einmal. Der Autozug durchs Wattenmeer ist ein Verkehrsmittel, das Sylt(er) bewegt. Jeder kann von Erlebnissen mit

*Mit dem Autozug kommen die meisten Gäste auf die Insel*

**DAS BEWEGT SYLT**

diesem Zug berichten, sei es, dass er im Winter bei Schneesturm nicht fuhr, sei es, dass aufbrausende Gischt bei Hochwasser die Eisenräder erreichte.

### VIEL WURDE VERÄNDERT

Was nur wenige wissen: Unter ihnen ruhen mehr als 400 000 Tonnen Steine, Kies, Busch und Pfähle. 3,6 Millionen Kubikmeter Erde wurden damals umgeschichtet, um den Damm fertigzustellen. So entstand zum Beispiel die Nössekuhle bei Morsum als Teich. Beim Bau rollte täglich ein Materialzug von Niebüll mit 70 Waggons heran. Von der Insel aus kamen Schuten mit Material, gezogen von Schleppern. Etwa 1500 Arbeiter waren beschäftigt. Vier Jahre Bauzeit und 25 Millionen Reichsmark lauten die weiteren Eckdaten. Der Autozug fährt seit 1932, seit 1962 mit Doppelstockwagen. 1973 kam ein zweites Gleis hinzu.

*Auf dem Syltshuttle finden auch Wohnmobile Platz*

So ein Damm war schon lange ein Traum der Sylter, der 1855 begann, als Westerland Seebad geworden war. Die Urlauber kamen zunächst per Schiff in Munkmarsch am Hafen an und nahmen die Inselbahn nach Westerland. Als aber Nordschleswig zu Dänemark kam, war ab 1920 eine Landverbindung von Deutschland aus das wichtigste Ziel. Der bisher genutzte Hafen Hoyer lag nämlich nun in Dänemark. Bis dahin waren die Urlauber mit dem Zug von Hamburg nach Tøndern gefahren und dann weiter im Schiff vom Hafen Hoyer bis Munkmarsch. Im Mai 1923 begann der Dammbau. Und mit Eröffnung der Eisenbahnverbindung verloren Munkmarsch und das dort ansässige Fährhaus ihre Bedeutung. Heute startet alle 30 bis 90 Minuten im Terminal Niebüll ein roter Autozug nach Westerland, der Sylt Shuttle. Auch Lastzüge, Wohnmobile oder Motorräder werden transportiert. Da sich nicht im Voraus buchen lässt, sind über eine App und Webcam am Terminal die aktuellen Wartezeiten zu ermitteln. Seit Herbst 2016 fährt auch ein blauer Autozug vom RDC. Die Flachwagen lassen sich in Niebüll auf den Spuren 9 und 10 erreichen (in Westerland über Spur 1).

ADAC TRAUMSTRASSE

# Spiel und Spaß – die dänische Runde

**Mit der Fähre nach Dänemark, dann mit dem Auto am Strand von Rømø entlangfahren – was für ein Spaß. Weiter führt die Straße in die 1300 Jahre alte Handelsstadt Ribe, eine der ältesten Skandinaviens. Schon stehen Spielen und Staunen im Legoland in Billund auf dem Programm, bevor es über Kolding und Tønder zu den Bildern von Emil Nolde geht.**

## Die Tour auf einen Blick:

**Start und Ziel:** Westerland
**Gesamtlänge:** 300 km
**Reine Fahrzeit inkl. Fährfahrt:** 7 Stunden (Zweitagestour)
**Orte entlang der Route:** List – Rømø – Ribe – Legoland – Kolding – Løgumkloster – Møgeltønder – Seebüll (Emil Nolde) – Niebüll

### E1 VON WESTERLAND BIS RØMØ
(35 km/130 Min.)

*Das Lakolk-Gefühl bedeutet Fahren am Strand, dann ist Pause für ein Bad in der Nordsee und für etwas Wikingerzeit*

*List: durch den offenen Bug auf die Fähre*

Von Westerland auf der Straße nach Norden bis zum Hafen von List. Dort legt die Syltfähre ab - etwa von 6 bis 20 Uhr alle zwei Stunden. Die einfache Fahrt kostet 49,50 € sowie pro Erwachsenen 8,30 €. Kinder (4-14 J.) zahlen 5,30 €. Tickets lassen sich online buchen: www.syltfaehre.de. Von Havneby, wo die Fähre anlegt, geht es nördlich bis Kongsmark, dann schnurstracks nach Westen. Lakolk heißt der breiteste Strand Europas. Autofahren ist hier erlaubt, was vielleicht manchem komisch vorkommt, aber für die Dänen ist das normal. Der Sand ist fest, doch Achtung: Nicht zu dicht ans Wasser kommen. Dort wird der Sand weicher, und es droht die nächste Flut.

**ADAC TRAUMSTRASSE**

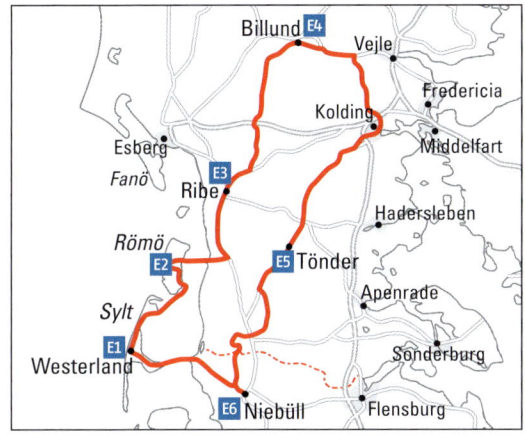

*ADAC Traumstraße: Etappen 1 bis 6 (Detailplan siehe Faltkarte Rückseite)*

Immer wieder müssen stehengelassene Autos abgeschleppt werden, weil sie im Wasser standen. Bei Lakolk aber ist der Strand etwa einen Kilometer breit. Empfohlen wird, maximal 30 km/h zu fahren. Doch Achtung: Hier verkehren auch Spaziergänger, Strandsegler und Winddrachen. Herumkurven ist aber erlaubt, schließlich ist der Strand die Piste, es gibt keine abgesteckten Wege. Dennoch gelten die allgemeinen Verkehrsregeln. Als Alternative bietet sich der Südstrand an; er ist sogar zwei Kilometer breit sowie bei FKK-Urlaubern und Strandseglern beliebt. Die Dänen lassen sich nicht beirren – das Auto am Strand dient als Windschutz, Basislager für Strandutensilien oder zum Kitesurfen und als Hilfe für mobilitätseingeschränkte Personen.

**Tankstellen:**
*E-Ladestation auf der Syltfähre, Tankstellen auf der Insel sowie in Skærbæk.*

### E2 VON RØMØ NACH RIBE (50 km/60 Min.)

*Wikingerzeit und Mittelalter markieren den Weg nach und in Ribe – wer mag, kann hier sogar im Gefängnis übernachten*

Wer genug von der Freiheit des Fahrens hat, begibt sich auf den Damm Richtung Skærbæk. Kurz vorher bietet sich ein Stopp bei den Wikingern zum Bogenschießen oder Ziegenstreicheln an: Hjemsted Oldtidspark (Hjemstedvej 60) in Skærbæk hält alte Boote, Eisenzeithöfe und ein unterirdisches Museum bereit. Dann geht es nördlich durch eine leicht wellige Land-

**Abstecher:**
*zum Bogenschießen in Hjemsted, www.hjemsted.dk*

*Blick auf Kolvigs Gaard und den Rive-Fluss in Rive*

schaft aus Moränen der Eiszeit bis Ribe. Mehr als 100 Häuser stehen hier unter Denkmalschutz. Um das Jahr 700 wurde die alte Handelsstadt gegründet. Es ist die älteste Dänemarks. Mit dem mächtigen Dom von 1150 und den Gassen ein schöner Anblick. Auch das Ufer am Fluss ist malerisch. Grønnegade, Fiskergade, Odins Plads und Skolegade sind zu empfehlen. Und es gibt noch eine Besonderheit: Wer einmal freiwillig in einem Gefängnis übernachten möchte, kann die Tour auch hier für eine Nacht unterbrechen. Das Hotel Den Gamle Arrest (Torvet 11, www.dengamlearrest.dk) hat meist ein paar Zellen frei. Dazu einen Nachtwächterrundgang buchen, und schon ist das Mittelalter zum Greifen nah.

**Tankstellen:** *in Ribe und Billund.*

### E3 VON RIBE NACH BILLUND (70 km/60 Min.)

*Vom Gestern ins Morgen – Legoland, die Heimat der bunten Plastiksteine, mit denen Generationen groß wurden, ist ein Mix aus Shows und Miniaturen. Ein idealer Tag zum Spielen und Zeitvergessen*

Täglich zehn Stunden (ab 10 Uhr morgens) bietet das Mekka der Noppensteine in Billund einen ansprechenden Mix aus Shows, Musik und Miniaturland. 2018 bestand es schon 50 Jahre und wird nicht älter – jedenfalls was die Ideen angeht. Das Legoland Billund am

Hauptsitz der Firma ist der erste Freizeitpark von heute sieben dieser Art weltweit. Seit 2005 gehören sie alle der Merlin Entertainments Group. Um an den mehr als 50 Attraktionen in Billund nicht zu lange anstehen zu müssen, empfiehlt sich vorab ein Blick in die Besucherprognose auf der Seite von www.legoland.de. Hilfreich ist auch der Planer nach Körpergröße im Internet. Wer den Regler eingestellt hat, findet zielgenau für das passende Alter die zugehörigen Angebote. Sie reichen von der Kanufahrt in der Wasserrutsche über die Achterbahn Flying Eagle oder den Frog Hopper bis zur Kletterwand oder Atlantis. Allein ein Spaziergang durch das Miniland, in dem mehr als 20 Millionen Legosteine weltberühmten Sehenswürdigkeiten, Städten und Szenen Gestalt geben, ist ein Hit für die ganze Familie. Und tatsächlich lässt sich in einigen Räumen auch mit Legosteinen etwas selbst bauen. Es muss nicht immer Hightech sein. Seit 2017 präsentiert zudem das 23 Meter hohe Lego-House die Welt aus bunten Plastiksteinen. Aber auch die lebendigen Darsteller auf den Theaterbühnen leisten Großartiges. Im Sommer empfiehlt sich bei so viel Freiland ein Sonnenhut. Mehrere Restaurants liefern durchaus gute Kost. Hin und wieder zieht die Billund-Garde aus jungen Musikern durch die Legolandschaft.

**Abstecher:**
*nach Velje (20 km östlich von Billund) und zum Runenstein von Jelling.*

### E4 VON BILLUND NACH TØNDER
(110 km/120 Min.)

*Einkaufsbummel sind nicht alles, aber in Kolding und Tønder durchaus angebracht. Kultur und Natur kommen auch nicht zu kurz*

Von Billund geht es südöstlich über kleine Straßen bis Kolding. Das Schloss und die Kunstsammlung im Trapholtmuseum sind die Attraktionen. Kolding steht für Design, Handel und Lebkuchen. Wer mag, schlendert auch durch das größte Einkaufszentrum Jütlands. Das Storcenter umfasst mehr als 120 Läden und Lokale. Es hat ab 10 Uhr zehn Stunden täglich geöffnet, am Wochenende bis 17 Uhr. Für Farben

*Legoland in Billund*

und Düfte bietet sich ein Abstecher zu 2000 Pflanzen am südlichen Rand Koldings an – in den Geografischen Garten. 2018 bestand er bereits seit 100 Jahren. Ein Café, Tiergehege und Spielplätze sowie Kolding im Miniaturformat sind zu erleben.

**Einkehren:** *im Storcenter Kolding.*

Dann geht es über die Straße 25 südwestlich durch die landwirtschaftlich geprägte Ebene über Toftlund bis Tønder. Rund zwölf Kilometer davor liegt Løgumkloster auf dem Weg. Die ehemalige Zisterzienserabtei lohnt eine Besichtigung.

Ein Bummel durch Tønder führt zu Resten der einst sehr aktiven Klöppelindustrie. Im 17. Jh. waren zeitweilig mehr als 12 000 junge Frauen damit beschäftigt, Klöppelkissen herzustellen. Bekannt ist die Stadt auch für den stimmungsvollen Weihnachtsmarkt. Der Verkauf von entsprechenden Artikeln dafür läuft dort das ganze Jahr über.

### E5 VON TØNDER NACH NIEBÜLL
(30 km/30 Min.)

*Emil Noldes berühmte Aquarelle sind der farbenfrohe Abschluss der Runde*

**Tankstellen:** *in Tønder, Süderlügum und Niebüll.*

Von Tønder führt die Strecke nur wenige Kilometer über kleine Straßen und die deutsche Grenze nach Seebüll. Dort lebte Emil Nolde (1867-1956). Er war einer der herausragenden Maler des deutschen Expressionismus. Seine Aquarelle malte er vor allem hier in seinem

*Wohnhaus und Atelier des Malers Emil Nolde, heute Museum und Sitz der Stiftung*

*Blick vom Schloss Koldinghus auf die dänische Hafenstadt Kolding*

Atelierhaus in Seebüll, das heute als Museum dient. Ausdrucksstarke Farben waren sein Markenzeichen. Er sprach Nordfriesisch, war ein Bauernkind und stammte aus der Gegend. Nolde entwarf das Atelierhaus 1927 selbst und knüpfte mit geraden Linien und Rotklinkern an die Bauhausarchitektur an. In den früheren Wohnzimmern über dem Atelier sind die Bilder zu bewundern – ein großartiges Kunsterlebnis zum Abschluss der stimmungsvollen dänischen Runde.

### E6 VON NIEBÜLL NACH WESTERLAND
(5 km / 30 Min.)

*Zeit für eine gemächliche Zugreise und für den Rückblick auf die Tour*

Die Fahrt mit dem (stehenden) Auto auf dem Zug über den Hindenburgdamm ist ein besonderes Erlebnis: sitzen und den Rundumblick genießen (S. 50). Es ist der lohnende Abschluss einer zweitägigen Reise, bei der sich nun alles noch einmal in der halben Stunde Fahrzeit Revue passieren lässt. Zurück auf Sylt – mit dänischen Eindrücken.

**Tipp:**
*Online lassen sich die Wartezeiten ablesen und auch Tickets buchen, www.syltshuttle.de, sowie auch www.autozug-sylt.de vom RDC.*

## Hotelempfehlung:

### Übernachten im/am Legoland
€-€€€ | Zum Übernachten sind die Angebote vielschichtig. Indianerzelte, Ninjago-Hütten und Wilderness Fässer (450 Meter entfernt vom Legoland) stehen neben einem Haus mit Piratenzimmern für fünf Personen (Pirates' Inn Motel) oder eben das Danhostel sowie das Hotel Legoland direkt am Park. Die frische (Lego-)Optik hat schon Stil. Auch in der näheren Umgebung haben sich mehrere Hotels auf die Besucher eingestellt. *www.legoland.de*

# Unterwegs

*Wie hier am Strand von Westerland ist es die besondere Mischung aus Natur und Kultur, Einsamkeit und Trubel, die Sylt und seine Nachbarinseln so besonders macht*

# Das will ich erleben

Strände finden sich überall? Nein, so einfach ist das nicht. Der Kniepsand auf Amrum oder die 40 km Westküste von Sylt sind absolute Besonderheiten, die Sie gezielt ansteuern sollten. Sie wollen mehr? Natur und Kultur hautnah erleben, das abendliche Flair genießen, die spannende Bar finden oder »mittendrin« mit Einheimischen zusammen sein … die versteckten Reize liegen so nah, unser Wegweiser führt Sie zielsicher genau dorthin.

## Friesische Traditionen

Auf Sylt wird das alte Söl'ring gepflegt, auf Föhr spricht noch ein Drittel der Bewohner Fering. Wer als Gast in die Kultur eintaucht, trifft auch auf fröhliche Feste und lebensnah gestaltete Museen. Und wer einmal Ringreitern zugeschaut hat, ist fasziniert von der Hingabe und dem Gejohle.

**9 Altfriesisches Haus und Heimatmuseum in Keitum** ............ 125
*Sylter Tradition verstehen lernen*

**9 Biikebrennen am 21. Februar** ............ 128
*Winter ade mit Musik und Grünkohlessen*

**11 Ringreiten im Osten Sylts** ............ 138
*Morsum ist das Zentrum, aber auch Keitum punktet*

**14 Kunst der Westküste auf Föhr** ............ 158
*Das Museum vermittelt Kunst von der Küste*

## Natur hautnah erleben

Sich mit nackten Füßen im Schlick des Weltnaturerbes zu bewegen ist die beste Art, das kleinteilige Leben darin zu verstehen. Führungen gibt es an vielen Orten. Die Zusammenhänge von Meer, Klima und den vielen Arten von Flora und Fauna sind am besten in Erlebnishäusern zu erfahren.

**7 Erlebniszentrum Naturgewalten**
*Selbst ausprobieren steht hier obenan* ............ 111

**7 Whalewatcher-Trail**
*Radfahren und Schweinswale gucken* ............ 115

**13 Naturlehrpfad Düne**
*Auf Amrum alles über Sand und Wind erfahren* ............ 154

**14 Wattwandern**
*Zu Fuß von Föhr zur Nachbarinsel* ............ 163

# ADAC Quickfinder

## Einkaufen wie nirgends sonst

Das Besondere finden, nicht die Massenware, so lautet das Ziel. Vielleicht mit dem Künstler und Macher selbst ein paar Worte wechseln, das verlockt. Und dann einfach schlendern und stöbern, das inspiriert.

**1 Friedrichstraße zum Schlendern** .......... 71
*Die Westerländer Läden sind vielfältig und schrill*

**6 Erlesenes in Kampen** .......... 107
*Die Geschäfte verstehen sich aufs ganz Feine*

**9 Kunsthandwerk in Keitum** .......... 129
*Erstklassige Läden, Boutiquen und Galerien*

## Gourmets unter sich

Die Speisen mal etwas anders zuzubereiten ist hier Programm. Die Gäste sind meist positiv überrascht. Die Auswahl ist nur ein »Appetitanreger«, es gibt weitaus mehr Lokale dieser Art.

**1 »JM« in Westerland** .......... 76
*Auch ohne Sterne kocht es sich bestens*

**7 Spices by Tim Raue in List** .......... 112
*Die internationale Asia-Küche hat Weltruhm*

**9 Brot und Bier in Keitum** .......... 127
*Die Stulle für Feinschmecker überzeugt*

**14 Alt Wyk auf Föhr** .......... 159
*Das mit einem Michelin-Stern dekorierte Restaurant bietet regionale und saisonale Küche*

## Feiern bis zum Morgen

Die Orte, an denen »man« sich trifft, sind schnell zu finden. Und dann kommt es auf die passende Begleitung oder die anderen Gäste an, daraus so einiges zu machen. Klönen und ein Gläschen trinken, das hebt die Stimmung.

**1 Wunderbar in Westerland** .......... 77
*Alte Schlager und abtanzen – los geht's*

**2 Der Klassiker: die Sansibar** .......... 81
*Am Strand bei Rantum geht die Post ab*

**6 Whisky-Meile in Kampen** .......... 105
*Der Strönwai vereint die bekanntesten Bars*

**13 Blaue Maus auf Amrum** .......... 153
*Die älteste Kneipe der Insel ist Kult*

## Das will ich erleben

### Essen mit Aussicht

Wenn sich der Genuss von Essen und Trinken mit dem Anblick des Spiels der Wellen vereint, erfreut das die Seele. Strandrestaurants erfüllen das bestens. Es gibt aber weitere gute Lagen dazu – ein kleiner Überblick.

- **3 Muschelbude in Hörnum** .................... 86
  *Fangfrische Muscheln – eine Sylter Delikatesse!*
- **4 Wonnemeyer in List** .................... 112
  *Mit bestem Angebot in Hörweite der Brandung*
- **6 Buhne 16 in Kampen** .................... 107
  *Die Bar besticht mit Musik und einfacher Kost*
- **15 Rickmers auf Helgoland** .................... 168
  *Das Lokal mit Fernblick hat Erlebniswert*

### Am Ufer entlang spazieren

Sonne, Sand und mehr – das wünschen sich die meisten Urlauber. Was gibt es Schöneres, als allein oder zu zweit am Strand entlangzulaufen. Plaudern, den Wellen und den Möwen nachschauen, das erfrischt.

- **3 Hörnum Odde** .................... 85
  *Die Südspitze ist von Wellen umtost*
- **7 Ellenbogen im Norden** .................... 116
  *Von List aus geht es in die sandige Landschaft*
- **11 Morsum-Kliff** .................... 136
  *Die Farben des Geotops sind einmalig*
- **13 Kniepsand** .................... 146
  *Einer der schönsten Strände der Welt liegt auf Amrum*

### Leckeres von den Inseln

Die typischen Produkte, die hier gedeihen, sind die besten. Oft lernt man sogar den Bauern oder Fischer dabei kennen. Und der Geschmack ist einfach unvergleichlich.

- **2 Gin mit Meersalz** .................... 82
  *Überraschend im Geschmack*
- **5 Erdbeerparadies in Braderup** .................... 98
  *Selbst pflücken und Biokost einkaufen*
- **7 Austern aus List** .................... 113
  *Hier gezüchtet und frisch auf den Teller*
- **13 Krabben am Vormittag** .................... 153
  *Frisch vom Kutter in Steenodde auf Amrum*

## ADAC Quickfinder

## Die Fitmacher

Mal den Puls hochtreiben, die Muskeln trainieren, schwimmen oder sich in einem Spa verwöhnen lassen. Das ist die packende Mischung für alle, die ihrem Körper was Gutes tun wollen. Hier ein paar Beispiele.

**1 Sylter Welle in Westerland** ............... 72
  *Schwimmen, saunieren und Spaß haben*
**3 Stehpaddeln und Surfen** ............... 88
  *In Hörnum gibt es dazu Anleitung*
**13 AmrumBadeland** ............... 155
  *Wellenbaden und Fitness sind hier angesagt*
**15 mare frisicum spa helgoland** ............... 170
  *Mit Geysir und Weitblick-Sauna der Hit*

## Hits für Kids

Wo sich Kinder mal so richtig austoben können, kommt Freude auf. Alle sind dabei. Das kann süchtig machen, was im Urlaub ja nicht so schlimm ist …

**4 InselCircus in Wenningstedt** ............... 96
  *Im Sommer wird hier mitgespielt und zugeguckt*
**4 Sylt4Fun gibt Schwung** ............... 96
  *Outdoor-Arena und Funsporthalle in Wenningstedt*
**13 Abenteuerland Amrum** ............... 153
  *Der größte Indoor-Spielplatz Nordfrieslands*
**14 Bauernhofferien auf Föhr** ............... 162
  *Die Tiere ganz nah, das gefällt allen*

## In die Ferne sehen

Sich einen Überblick zu verschaffen ist das eine. Von oben auf die Landschaft zu blicken, das entfaltet das Gefühl, sich einordnen zu können und sich wohlzufühlen. An diesen Orten gelingt es.

**1 Himmelsleiter in Westerland** ............... 73
  *Nahe am Strand mit leichtem Aufstieg*
**3 Hörnumer Leuchtturm** ............... 83
  *Anekdoten in luftiger Höhe*
**6 Uwe-Düne in Kampen** ............... 104
  *Sylts höchste Erhebung bietet Rundumsicht*
**13 Vögel beobachten auf Amrum** ............... 154
  *Die Plattform an der Wattenküste bei Nebel*

# Westerland und der Süden

*Vom quirligen Zentrum aus Richtung Hörnum wird es ruhiger, naturnäher. Ein Spaziergang um die Südspitze ist ein Muss*

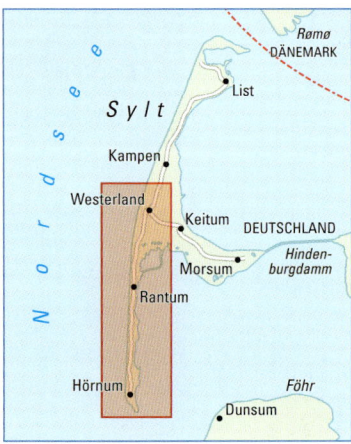

Westerland nimmt die Gäste herzlich in Empfang, bevor sie sich von hier über die Insel verteilen. Da sind die Friedrich- und Strandstraße mit ihren Geschäften und Lokalen, da sind die Strandpromenade und die Sylter Welle, da sind v.a. die vielen anderen Menschen, die das quirlige Flair ausmachen. Irgendwann aber schauen die Ankömmlinge aufs Meer und stellen beruhigt fest: Es ist wie beim letzten Besuch – mal aufbrausend, mal ruhig, mal hoch-, mal flachwellig. Es ist einfach da und versprüht seinen Charme. Weiter südlich folgen weitere Höhepunkte: Rantum bietet Brandung mit Strand im Westen und ausgedehntes Watt im Osten. Hörnum und die Südspitze stehen für Ruhe und Gemütlichkeit sowie lange Spaziergänge um die Odde.

## In diesem Kapitel:

1 **Westerland** 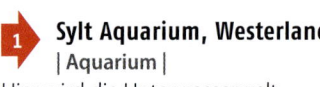 ...... 66
2 **Rantum** ........................... 79
3 **Hörnum** .......................... 83
Übernachten ....................... 89

## ADAC Top Tipps

**1 Sylt Aquarium, Westerland**
| Aquarium |
Hier wird die Unterwasserwelt vor Sylt, aber auch die der tropischen Gewässer sichtbar. Die Streichelbecken und der Outdoor-Spielplatz lassen Kinderherzen höher schlagen. ........ 73

**2 Hörnum Odde**
| Naturschutzgebiet |
Nach jeder Sturmflut verliert die Südspitze der Insel Sand, das Umrunden ist aber immer noch ein toller Spaziergang. Baden ist allerdings nur in Hafennähe erlaubt. ............................. 85

## ADAC Empfehlungen

**1 Friedrichstraße, Westerland**
| Einkaufs- und Flaniermeile |
In der Fußgängerzone kann man sitzen und beobachten, was sich hier Neues tut, und um gesehen zu werden. ........................... 71

### ② Sylter Welle, Westerland
| Therme |
Sport und Wellness, Saunalandschaft und Außenschwimmbecken verzaubern den Tag in ein Wohlfühlerlebnis. .................................. 72

### ③ Himmelsleiter, Westerland
| Aussichtspunkt |
Rund 100 Stufen führen hinauf zur Aussichtsplattform in den Dünen. ........... 73

### ④ Sansibar, Rantum
| Strandrestaurant |
Im bundesweit bekannten Lokal ist die Promidichte hoch und das Essen gut. Am besten reservieren. ................ 81

### ⑤ Hörnumer Leuchtturm
| Museum |
Einst beherbergte er Deutschlands kleinste Schule. Heute kommen Besucher und Hochzeitspaare. ................... 83

### ⑥ Arche Wattenmeer, Hörnum
| Museum |
Das Naturpark-Infozentrum ist auch Ausgangspunkt für Wattwanderungen. .......................................... 85

### ⑦ Haus Noge, Westerland
| Hotel |
Kunst und Tradition liebevoll vereint. In dem alten Kapitänshaus gleicht kein Zimmer dem anderen. ............... 89

# 1 Westerland

*Das Herz der Insel pulsiert, hier ist viel zu entdecken*

*Die Friedrichstraße ist Flaniermeile und Hauptgeschäftsstraße von Westerland*

### ℹ️ Information

■ Insel Sylt Tourismus-Service, Strandstr. 35, 25980 Westerland, Tel. 046 51/99 80, Info-Nummer Mo–Fr 9–17 Uhr: 046 51/820 20, www.insel-sylt.de
■ Touristeninformation, am Bahnhof Westerland sowie in der Friedrichstr. 44, Tel. 046 51/99 80, Buchungszentrum und Apartmentvermittlung in der Stephanstr. 6, Tel. 046 51/99 88, www.buchungszentrum-sylt.de
■ Parken siehe S. 75

Die schräg im Wind stehenden, grünen Figuren vor dem Bahnhof sind schon der passende Vorgeschmack auf Westerland. Dort kreuzen sich moderne Kunst und Unterhaltung mit äußerst sehenswerten Top-Events am Hauptstrand. Der ist ohnehin eine der besten Adressen, denn das Sylt-Gefühl ist eine Mischung aus frischer Brandung, im Sand laufen, feiern, Neues entdecken und Ruhe genießen. All das verkörpert die Inselmetropole aufs Feinste.

### 👁 Sehenswert

####  Bahnhof mit Reisenden Riesen
| Architektur |

Alte Fenster, Leuchter und Reklame aus der Zeit des Jugendstils sind in der

# Westerland 1

Plan
S. 68/69

Empfangshalle des 1927 erbauten Kopfbahnhofs zu erkennen. Das mit Klinkern errichtete Gebäude belichten in Richtung Gleise drei Buntglasfenster mit einer stilisierten Möwe. Ein Steuerrad an der Nordwand steht für die auf Sylt so traditionsreiche Schifffahrt. Vier überdimensionale knallgrüne Plastikfiguren versammeln sich auf dem Vorplatz. Diese bis zu 4 m großen »Reisenden Riesen im Wind« des Kieler Künstlers Martin Wolke setzen seit 2001 auch dank ihrer beträchtlichen Schieflage und den etwas aus der Fassung geratenen Gesichtszügen einen ungewöhnlichen Akzent. Die Figuren entfachen teils heftige Diskussionen, laden aber auch zu Fotomotiven ein – durchaus im Sinne des Künstlers, dem es darum ging, die Kommunikation auf dem Bahnhofsvorplatz anzukurbeln.

■ Kirchenweg 1

### ❷ Dicke Wilhelmine
| Brunnen |

Seit 1980 erheitert die dralle nackte Sitzfigur einer Badenden mit neckischem Lächeln die Passanten in der Wilhelmstraße. Die Sylter Bildhauerin Ursula Hensel-Krüger (1925–1992) hat sie aus Ton geformt, anschließend wurde die Figur nach Berlin transportiert und dort in Bronze gegossen. Die 175 kg schwere Wilhelmine verkörpert den genussfreudigen Typen, der es sich (auf Sylt) gut gehen lässt und das Leben locker nimmt. Längst ist sie zu einem Wahrzeichen Westerlands geworden.

■ Wilhelmstraße

### ❸ Alte Post
| Ausstellung |

Die Stadtgalerie zeigt oft spannende, kostenlose Ausstellungen. Die Stadtbücherei befindet sich im Haus, das 1892 als Kaiserliche Post errichtet wurde und mit seinen hohen Räumen zu den schönsten Gebäuden der Insel zählte. Nach Protesten der Westerländer, die den Abriss des Hauses zugunsten eines Parkhauses verhinderten, übernahm 1981 die Stadt Westerland die ehemalige Post und nutzt nun einige Räume für kommunale Zwecke. Auch die Touristeninformation mit Beratung, Buchungszentrum sowie Apartmentvermittlung hat hier ihren Sitz.

■ Stephanstr. 6

# 1 Westerland

# Westerland 1

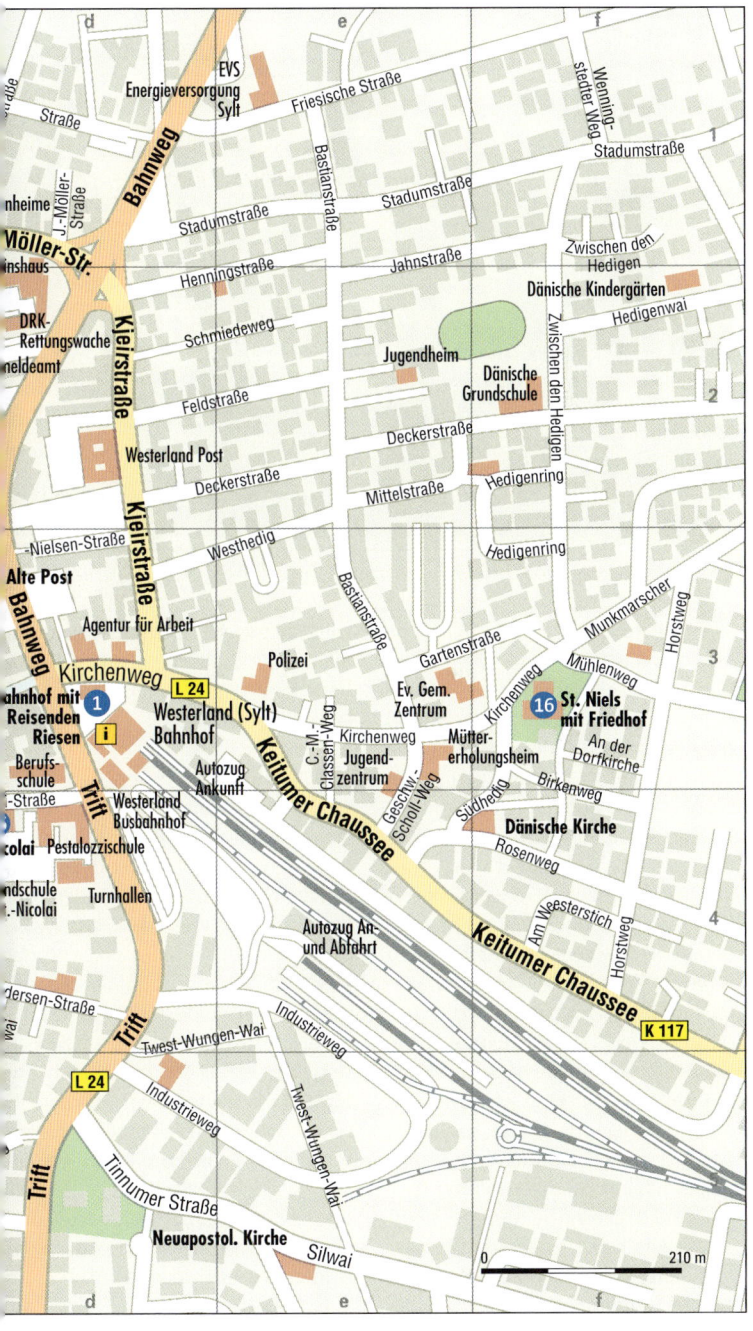

# 1 Westerland

*Im Westerländer Rathaus befinden sich auch der Alte Kursaal und die Spielbank*

 **Rathaus**
| Architektur |

Was für eine Kombination: Hier werden die Entscheidungen über die Insel getroffen, eine Galerie zeigt prächtige Bilder bekannter Künstler vom 17. Jh. bis heute, und nebenan rollt die Kugel in der Spielbank (S. 77). Dabei war das auffällige Gebäude zunächst als Kurhaus konzipiert. 1878 war es fertig, hieß Conversationshaus und brannte bereits 1893 wieder ab. Das heute zu sehende Gebäude mit Krüppelwalmdach und zwei turmartigen Vorsprüngen mit welscher Spitzhaube sowie der breiten Freitreppe ist das Werk der bekannten Architekten Johannes Vollmer und Heinrich Jassoy aus Berlin und wurde 1898 eröffnet. Seit 1934 ist es der Sitz der Stadtverwaltung (Eingang auf der linken Seite). Sehenswert ist der Alte Kursaal, der öfter Empfängen dient. Dort finden auch Konzerte, Theateraufführungen und Kabaretts statt. Mittwochs und samstags empfiehlt sich der Wochenmarkt auf dem Vorplatz (7–13 Uhr).

■ Andreas-Nielsen-Str. 1

 **3D-Relief**
| Miniaturmodell |

Frei zugänglich im Rathauspark und ein Erlebnis zum Fühlen: Die dreidimensionalen Miniaturen des Modells der Innenstadt von Westerland lassen sich gut ertasten. Drei Jahre sind von der Vorbereitung bis zur Realisierung vergangen, 2014 wurde das bronzene Tastmodell im Maßstab 1 : 500 schließlich der Öffentlichkeit übergeben. Nicht nur für Sehbehinderte ist es eine spannende Art, sich einen »Überblick« zu verschaffen und jedes Haus, jeden Straßenzug und jede Freifläche zu entdecken, die der Bildhauer Egbert Broerken und Sohn Felix im Format 190 × 80 cm detailgetreu wiedergegeben haben.

■ Andreas-Nielsen-Straße

# Westerland 1

### 6 Strandstraße
| Einkaufs- und Flaniermeile |
Angefangen mit dem noblen Hotel Stadt Hamburg, das seit 1869 in hanseatisch-englischem Landhausstil aufwartet, liefert die Fußgängerzone die Zutaten für ein genussvolles Schlendern an kleinen Läden, Boutiquen, Kinowelt, Cafés und alten Häusern vorbei Richtung Strand.

### 7 Friedrichstraße
| Einkaufs- und Flaniermeile |

*Das Motto lautet: sehen und gesehen werden*

Zwischen der Brunnenfigur Wilhelmine und dem traditionsreichen Hotel Miramar, dem das Congress Centrum Sylt gegenübersteht, bietet die Fußgängerzone Restaurants, Boutiquen, Fischimbisse, Crêpes-Stände, Spielwarenläden und vieles andere mehr. Hier flaniert man einfach lang, es ist der erste Gang, um sich nach der Ankunft einen Überblick zu verschaffen und anschließend am Hauptstrand der Brandung zuzusehen und zuzuhören. Wer beides erlebt hat, ist auf Sylt angekommen.

### 8 Strandpromenade
| Einkaufs- und Flaniermeile |
Rechts der Treppe zum Hauptstrand weitet sich die Strandpromenade zu einem kleinen Platz mit Erfrischungsständen, Café und Leselounge (tgl. 9–19 Uhr) mit großen Panoramafenstern. Hier sind auch Bistros und kleine Läden zu finden. Auf dem Dach der Gebäudezeile bietet eine große Terrasse freien Blick auf Strand und Meer.

### 9 Musikmuschel
| Konzerthalle |
Die Musikmuschel ist der Anziehungspunkt der Strandpromenade, und das seit ihrer Eröffnung im Jahre 1949. Von Mai bis Oktober sind hier täglich Konzerte zu hören, mit Musik aller Art. Damit knüpfen die Veranstalter an die Tradition der Kurkonzerte an, die seit 1880 auf der Promenade den Urlaubsgästen geboten wurden.

An Sonntagen zwischen Juni und September finden um 11.30 Uhr ökumenische Gottesdienste statt. Dienstags lädt die Evangelisch-Lutherische Kirchengemeinde zu einer »Atempause« um 21 Uhr ein. Stimmungsvoll ist der Blick auf die Bühne und das Meer dahinter – besonders im Abendlicht.

■ Musikveranstaltungen unter Tel. 046 51/99 80, www.insel-sylt.de/musik-am-meer, Eintritt frei gegen Vorlage einer Gästekarte.
Gottesdienst am Meer und Abendsegen: www.kirche-westerland.de

*Die Musikmuschel auf der Promenade bietet Unterhaltung mit Meerblick*

# 1 Westerland

Plan S. 68/69

*Entspannung im Außenpool des Saunagartens der Sylter Welle*

### 10 Sylter Welle
| Therme |

*Das Erlebnisschwimmbad mit Saunalandschaft setzt Maßstäbe*

Baden lässt sich bei jedem Wetter im angenehm temperierten Nordseewasser. Teilweise in die Küstendünen hineingebaut, bietet das Freizeit- und Erlebnisbad mit Meerblick auf insgesamt 4600 m² ein Wellenbecken, einen Strömungskanal und Whirlpools, hinzu kommen Fitnessbereich und Saunen. Im 2016 eröffneten Sportschwimmbecken (14 × 25 m) mit aufbereitetem Meerwasser kann dank bodentiefer Panoramascheiben der Blick beim Bahnenziehen frei über die Nordsee schweifen. Bei Kindern begehrt sind drei Riesenrutschen mit verschiedenen Längen, Geschwindigkeiten und Spezialeffekten sowie ein Wikinger-Spielschiff.

■ Strandstr. 32, Tel. 046 51/99 81 11, www.sylterwelle.de, tgl. 10–22, Di, Do, Sa nur Schwimmen ab 7, Nov.-März ab 8 Uhr, Badelandschaft: 4 Std. 10 €, erm. 6 €, ab 17 Uhr 8 €, erm. 4,80 €, Bade- und Saunalandschaft: 4 Std. 22 €, erm. 16 €. Ab 17 Uhr sparen Besucher der Sylter Welle 20 Prozent des Eintrittspreises.

### 11 Brandenburger Strand
| Strand |

Am nördlichen Ende der Strandpromenade treffen sich die sportbegeisterten Urlauber und spielen im Sommer im feinen, knöcheltiefen Sand Beach-Volleyball. Surfer, Kitesurfer und Stehpaddler finden beste Bedingungen. Mitte Juni bis Mitte September werden täglich Erlebnisprogramme mit Musik geboten, d.h. Beach-Soccer, Beach-Volleyball oder Beachminton. Außerdem kann man Frisbees, Bälle und Boccia-Kugeln kostenlos ausleihen. Nach Einbruch der Dunkelheit wummern die Beats für die beliebten Beachpartys.

■ Brandenburger Platz

### 12 Friedhof der Heimatlosen
| Friedhof |

Strandvogt Wulf Hansen Decker hat die Heimstatt der Heimatlosen 1855 anlegen lassen, und zwar für auf See umgekommene, hier am Strand angespülte Seeleute, darunter eine Frau. Bis dato wurden die Leichen sich selbst überlassen. Die 53 schlichten Holzkreuze der namenlosen Opfer verzeichnen jeweils die Strände, an denen man die menschlichen Überreste fand, sowie die Daten der Bestattung. 1905 wurde der letzte Seemann beigesetzt. Ein Gedenkstein erinnert an die rumänische Königin Elisabeth zu Wied, die in ihrem Urlaub 1888

# Westerland 1

täglich auf ihrem Weg von ihrem Domizil, der Villa Roth, zum Strand vorbeischaute und Geld für einen Gedenkstein spendete. Nach ihr ist die Straße benannt.

■ Ecke Käpt'n-Christian- und Elisabethstraße

### 13 Himmelsleiter
| Aussichtspunkt |

*Der höchste Punkt der Insel mit grandiosem Weitblick*

Der höchste Dünenübergang auf der Insel heißt Himmelsleiter, ist 26 m hoch und befindet sich südlich der Strandpromenade am Ende des Holzstegs. Auf dem Scheitelpunkt der Himmelsleiter sind auf der Aussichtsplattform mit allerbestem Rundumblick Schautafeln zu finden. Zum Vergleich: Die Uwe-Düne, die höchste Düne Sylts in Kampen, zählt 52,5 m.

> **ADAC Wussten Sie schon?**
>
> Auf Sylt müssen Sie nur **105 Holzstufen** aufsteigen, um in den Himmel zu kommen. Nicht nur, weil die größte Strandtreppe Himmelsleiter heißt – geradezu himmlisch ist auch der Ausblick, der sich hier oben bietet. An schönen Tagen genießt man eine Sicht bis rüber zum Hindenburgdamm.

### 14 Sylt Aquarium
| Aquarium |

*Die Unterwasserwelt fasziniert – von der Nordsee bis zu den Tropen*

Im Aquarium lässt sich alles Wissenswerte sowohl über das Ökosystem der Nordsee als auch über die artenreiche Unterwasserwelt der Tropen erfahren. Zu sehen sind u.a. Flundern, Rochen

*Im Glastunnel des Aquariums kommt man den Herrschern der Meere ganz nahe*

# Westerland

und Seespinnen aus der Nordsee sowie Muränen, Anemonenfische und Zebrahaie aus tropischen Meeren. Das Ozeanarium verfügt über 25 Becken. Beeindruckend ist das tropische Korallenriff. Gleich neben dem Aquarium befindet sich ein Outdoor-Kinderspielplatz mit Hüpfburg, Trampolin und Bobby-Car-Bahn sowie eine Minigolfanlage. Beim Abendessen im hauseigenen Restaurant »49er Aldente« vor einzigartiger Meereskulisse überraschen vorbeischwimmende Rochen und Haie.

■ Gaadt 33, Tel. 046 51/836 25 22, www.syltaquarium.de, tgl. 10–18 Uhr Restaurant: Tel. 046 51/460 99 60, www.49er-aldente.de tgl. 10–22 Uhr

### 15 St. Nicolai
| Kirche |

1908 erbaut, bietet die evangelische Kirche Platz für 600 Gläubige. Vor 100 Jahren war das dringend notwendig, denn die ältere Kirche St. Niels war für die Bewohner und Gäste des aufstrebenden Kurorts zu klein geworden. Die romanisch inspirierte backsteinrote Fassade zieren kleine Buntglasfenster. Markant ist der hoch aufragende, mächtige Turm. Eine weitere Besonderheit ist der romanische Taufstein aus Granit, der aus der im Jahr 1300 in einer Sturmflut zerstörten Eidumer Kirche stammt und vermutlich in Jütland gefertigt wurde. Der einschiffige Innenraum ist schlicht weiß und grau gehalten, ein Ergebnis der Restaurierung von 1962/63. Kaum zu glauben, dass die Kirche ursprünglich über und über in byzantinischem Stil ausgemalt war, auch Bänke und Altar waren reich verziert. Übrig blieb allein das prächtige geschnitzte Dekorband am Emporengeländer. Die 1989 eingeweihte Orgel bringt die ausgezeichnete Akustik zur Geltung.

■ St.-Nicolai-Straße/Maybachstraße, Tel. 046 51/78 84, www.kirche-westerland.de, Do–Di 9–16, Gottesdienst So 10, Konzerte Juni–Okt. So 17 Uhr

### 16 St. Niels mit Friedhof
| Kirche |

Das älteste Gebäude Westerlands ist diese Kirche aus dem Jahr 1635. Rund 130 Jahre später wurde am Nordeingang noch ein Aufwärmraum für Kirchgänger angebaut, ein sog. Kalfaster. Der dreiflügelige spätgotische Schnitzaltar mit der Marienkrönung sowie die Glocke stammen noch aus der alten Eidumer Kirche, die um 1635 zerstört wurde. Der Ort Eidum befand sich westlich des heutigen Westerlands und war nach einer verheerenden Flut im Jahr 1436 verlassen worden. Sehenswert sind zudem der Taufstein sowie die Kanzel von etwa 1750. Auf dem kleinen Friedhof von St. Niels lehnen entlang der Südmauer Kopfsteine. Diese bis zu 40 cm hohen glatten Kiesel dienten im 17./18. Jh. als Grabmäler und sind lediglich mit den Initialen der Verstorbenen und ihrem Todesjahr versehen.

■ Kirchenweg 37, Tel. 046 51/78 84, www.kirche-westerland.de, tgl. 10–16 Uhr

## ADAC Mobil

Wem beim Radfahren die Puste ausgeht, kann bequem in den **Bus** umsteigen. Bis zu fünf Fahrräder können jeweils zum Preis eines Erwachsenentickets hinten auf allen Linienbussen mitgenommen werden. Vor dem Be- und Entladen bitte beim Fahrer melden und das Rad selbstständig verladen.

# Westerland 1

*Das älteste Gebäude Westerlands: St. Niels mit umliegendem Friedhof*

##  Verkehrsmittel

Die Linien 1 und 5 fahren vom **Zentralen Omnibus-Bahnhof** (ZOB) über Syltness Center und Nordseeklinik durch Alt-Westerland nach List, die Linie 2 über Rantum nach Hörnum und die Linie 4 über Keitum nach Morsum. Die Linien 3 und 3a fahren über den Süd- (A) bzw. Nordring (B) nach Keitum und zurück.
■ www.svg-busreisen.de

## ADAC *Mobil*

Auf Sylt kann man ein **Velotaxi** oder eine **Rikscha** mit Fahrer mieten. Online oder telefonisch buchen oder einfach die Fahrer vor Ort ansprechen.
*April–Okt., Tel. 01 78/291 01 18,*
*www.sylt.velotaxi.de*

##  Parken

Ein großer Parkplatz befindet sich neben dem **Syltness Center** (S. 78), Einfahrt über Dr. Nicolas-Straße. Für Besucher der Sylter Welle und des Syltness Centers sind 3 Std. frei. In der Hauptsaison kostet jede weitere Stunde 1,80 € (in der Nebensaison günstiger). Kostenfreie Parkmöglichkeiten u.a. auf dem Schützenplatz oder im ZOB-Parkhaus.

##  Restaurants

€ | **Blum's Seafood Bistro** Restaurant neben dem Geschäft des Fischhändlers: Fischgerichte und große Salatbar.
■ Neue Str. 4, Tel. 046 51/34 01, www.sylter-fisch.de, Plan S. 68 a3

€ | **Susi's Sylt-Kantine** Frühstück ab 6, Mittagessen bis 15 Uhr – in der früheren Kantine der Deutschen Bahn nahe dem Bahnhof wird nach Hausfrauenart gekocht. Grünkohleintopf, Kohlrouladen oder Schweinegeschnetzeltes schmecken deftig gut. ■ Keitumer Chaussee 6 a, Tel. 046 51/449 37 99, www.susis-sylt-kantine.de, Plan S. 69 e3

€€ | **BeachHouse Seeblick** Gemütliches Lokal auf den Dünen mit bodenständiger Küche. ■ Käpt'n-Christiansen-Str. 41a, Tel. 046 51/288 78, www.beachhouse-sylt.de, Plan S. 68 a4

€€ | **Ingo Willms** Zu deutscher Hausmannskost und mediterraner Kräuterküche werden mehr als 65 verschiedene Weine serviert. ■ Elisabethstr. 4, Tel. 046 51/99 52 82, www.willms-sylt.de, Plan S. 68 b3

€€ | **Luzifer** Buntes Speiselokal am zentralen Strandzugang. Meeresfrüchte im Angebot. ■ Andreas-Dirks-Str. 10, Tel. 046 51/92 77 22, www.luzifer-sylt.de, tgl. 9–22 Uhr, Plan S. 68 a/b3

€€ | **Mariso** Legeres Restaurant mit mediterranem Flair an Westerlands Ausgehmeile. ■ Paulstr. 10, Tel. 046 51/29 97 11, www.mariso-sylt.de, Plan S. 68 a3

€€ | **Seekiste** Ob Fisch oder Fleisch – hier wird solide mit besten Zutaten gekocht. Di lockt ab 18.30 Uhr ofenfrische Ente, dann bitte reservieren ■ Käpt'n-Christiansen-Straße 9, Tel. 046 51/225 75, www.seekiste-sylt.de, Plan S. 68 c4

€€ | **Tobis Hüs** Gastronomische Highlights von Steak bis Pasta werden in dem 2017 eröffneten Lokal serviert. ■ Gaadt 7, Tel. 046 51/231 11, www.tobishues.de, Mo–Sa ab 17 Uhr, Plan S. 68 c5

€€€ | **Alte Friesenstube** Im ältesten Haus der Insel wird neben traditionellen Gerichten auch Gourmetküche serviert. ■ Gaadt 4, Tel. 046 51/12 28, www.altefriesenstube.de, Plan S. 68 c5

€€€ | **Restaurant »JM«** In der neuen Friesenstube verzichtet Jörg Müller auf Sterne, die Speisen sind dennoch fein und kreativ. Mit allem Komfort ausgestattet sind die 19 Zimmer und drei Suiten des Hotels. ■ Süderstr. 8, Tel. 046 51/277 88, www.jmsylt.de, Plan S. 68 c4

 **Cafés**

**Café Wien** Da man nicht alle Köstlichkeiten auf einmal probieren kann, ist das Wiederkommen vorprogrammiert. ■ Strandstr. 13, Tel. 046 51/53 35, www.cafe-wien-sylt.de, Plan S. 68 c2

**Kaffeehaus Mateika** Das Traditionshaus bietet außer Frühstück auch kleine Speisen, Torten und Petit fours sowie den Klassiker »Masurische Mohnstreifen«. ■ Bismarckstr. 13, Tel. 046 51/240 81, www.mateika.de, Plan S. 68 b4

 **Einkaufen**

**Hof Galerie Sylt** Kunst vom 17. Jh. bis heute. In der Udo-Lindenberg-Lounge werden Fotos, Bilder, Plattencover und persönliche Sachen des Sängers gezeigt. Die von ihm gemalten Bilder stehen zum Verkauf. ■ Im Rathaus, Andreas-Nielsen-Str. 1, Tel. 046 51/89 17 62, www.hof-galerie-sylt.de, Plan S. 68 c3

**Kleine Räucherei** Die begehrten geräucherten Fische sind gegenüber der Feuerwache und den Sylter Werkstätten am Flughafen zu haben. ■ Zum Fliegerhorst, Tel. 01 52/34 26 97 47, www.wattnrauch.de, Plan S. 69 östl. f3

**Leysieffer** Hier ist das Sylter »Champagner-Bier« aus Keitumer Hopfen erhältlich. ■ Friedrichstr. 38, Tel. 046 51/82 38 20, www.leysieffer.de, Plan S. 68 b3

**Sylter Tee Company** Frisch gemischter biozertifizierter Tee sowie Teeplätzchen. ■ Strandstr. 10, Tel. 046 51/889 17 17, www.syltertee.de, Plan S. 68 c3

**Teehaus Ernst Janssen** Eigene Teemischungen, die meisten aus Bio-Anbau.

# Westerland 1

■ Strandstr. 28, Tel. 04651/299811, www.teehaus-janssen.de, Mo 19 Uhr Teeseminar, Di 20 Uhr Kleinkunst, Plan S. 68 b2

 **Bühne**

**Alter Kursaal am Rathausplatz** Renommierte Theater treten hier mit hervorragenden Stücken auf.
■ Andreas-Nielsen-Str. 1, Tickets bei der Touristeninformation, Plan S. 68 c3

**Westerländer Speeldeel** Jedes Jahr wird an verschiedenen Orten ein neues Stück auf »Plattdeutsch für Touristen« aufgeführt.
■ April–Okt., Tel. 04651/881559, www.theater-westerlaender-speeldeel.de, Plan S. 68 c3

 **Konzerte**

**Musik am Meer** Schlager, Evergreens und Musical-Melodien live in der Musikmuschel (S.71), im Juli und August spielt ein Kammerorchester auf.
■ www.insel-sylt.de/musik-am-meer.html, Plan S. 68 a3

 **Kneipen, Bars und Clubs**

**American Bistro Sylt** Ein junges Publikum trifft sich zum Warmlaufen im Restaurant oder feiert gleich in der Bar.
■ Paulstr. 3, Tel. 04651/927050, Plan S. 68 c3

**Irish Pub** Rustikal, gelegentlich finden Livekonzerte mit irischer Folk Music statt. Zur Auswahl stehen neben irischen Bieren vom Fass auch 64 Whiskysorten.
■ Paulstr. 11 a, Tel. 04651/299621, tgl. ab 18 Uhr, Plan S. 68 c3

**Wunderbar** Schlagerfans aller Altersklassen feiern hier bis in die frühen Morgenstunden.
■ Paulstr. 6, Tel. 04651/21701, www.sylt-wunderbar.de, Plan S. 68 c3

 **Kinos**

**Kinowelt Westerland** In vier klimatisierten Kinosälen, die mit neuester Projektions- und Tontechnik ausgestattet sind, werden aktuelle Hollywoodfilme, Kinderkino, Sylter Filmschätze, Liveübertragungen großer Sport-Events sowie Opern- und Ballettaufführungen aus dem Royal Opera House aus London gezeigt. ■ Strandstr. 9, www.kinowelt-sylt.de, Plan S. 68 c3

 **Casinos**

**Spielbank Westerland** Im kleinsten Casino Deutschlands wird Roulette, Black Jack, Poker und an Automaten gespielt. 2019 besteht die Spielbank bereits seit 70 Jahren, doch die Zukunft und der Verbleib des Casinos steht noch nicht endgültig fest. ■ Im Rathaus, Andreas-Nielsen-Str. 1, Tel. 04651/230450, www.spielbank-sh.de, Automatensaal tgl. 11–0.30 Uhr, Großes Spiel tgl. 19.30–2 Uhr, Jan.–Mitte April Mo/Di geschl., Plan S. 68 c3

 **Kinder**

**Aquarium** Im Streichelbecken können die Kinder Meerestiere anfassen. Forscherbögen gibt es auf Anfrage an der Kasse (S.73). ■ Erw. 13,50 €, erm. 10 €, Plan S. 68 a5

**Sylter Welle** Schwimmen mit einer Flosse wie eine Meerjungfrau oder ein Hai kann in zweistündigen Kursen erlernt werden. ■ Ab 8 Jahren zu ausgewählten Terminen, pro Kind 38 € inkl. Leihgebühr und 3 Std. Aufenthalt im Freizeitbad, Tel. 04651/998111, Plan S. 68 b2

# 1 Westerland

Plan S. 68/69

In der **Villa Kunterbunt** können Kinder zwischen drei und 13 Jahren toben und spielen, basteln und malen. Der öffentliche Abenteuerspielplatz mit Nordseeblick lockt mit einem Piratenschiff. ■ Obere Promenade, Tel. 046 51/99 82 75, www.insel-sylt.de/villa-kunterbunt, Mai–Okt. Mo–Fr 9–17, Nov.–April Mo–Fr 9.30–15 Uhr, 13 € pro Kind für 3 Std., jede weitere Std. 4 €, Plan S. 68 b2

##  Events

Die Deutschen **Surf Cup** Meisterschaften finden an fünf Tagen Ende Juli statt, während sich Ende September beim **Windsurf World Cup** die weltbesten Surfer messen. ■ www.surfcup-sylt.de, www.windsurfworldcup.de

**Westerländer Winzerfest** Rund 20 Winzer aus deutschen Anbaugebieten bieten Mitte Juli ihre Weine zur Verkostung an. ■ Promenade

**Westerländer Weihnachtsbaden** Lustig kostümiert stürzen sich am 26. Dezember rund 200 Schwimmer ins Meer.

##  Erlebnisse

»**Die Sylter und das Meer – vom Friesendorf zum Seebad**« heißt die Führung, die Friesenhäuser, Bädervillen ebenso auf dem Programm hat wie die Themen Strandungen, Sturmflut und Küstenschutz. ■ Mai–Sept. Fr 10 Uhr, Treffpunkt an der Alten Post, Stephanstr. 6, Karten bei den Touristeninformationen oder unter Tel. 046 51/835 85 24, Plan S. 68 c3

**Schmiedekurse** Zusammen mit dem Sylter Goldschmied Rainer Pohlmann kann sich jeder seinen individuellen (Trau-)Ring herstellen. ■ Feinschmiede, Heideweg 3, Tel. 01 77/272 46 37, www.feinschmiede-sylt.de, Plan S. 68 nördl. c1

## ⚽ Sport

**Marine-Golf-Club** Mitten in der Dünen-Heide-Landschaft wird im Links-Course gespielt. ■ Flughafen 69, Tel. 046 51/92 75 75, www.sylt-golf.de, Plan S. 69 östl. f3

**Sunset Beach** Surf- und Stehpaddel-Kurse, Kajak- und Bodyboard-Verleih. ■ Brandenburger Str. 15, Tel. 046 51/271 72, www.sunsetbeach.de, Plan S. 68 b1

**Syltness Center** Offene Kurse für Aquajogging, Zumba oder Rückenfit (teilweise Voranmeldung erforderlich), dazu Wellness,- Thalasso- und Beautyanwendungen nach Voranmeldung. Im Foyer des ersten Stocks befindet sich ein öffentlicher Lesesaal. ■ Dr.-Nicolas-Str. 3, Tel. 046 51/99 81 12, www.syltnesscenter.de, Plan S. 68 b2

**Tennis-Club Westerland** Zehn Ascheplätze draußen, drei in der Halle auf Teppich. ■ Am Seedeich 38, Tel. 046 51/67 29, www.tennisclub-westerland.de. Trainerstunden: www.tennisschule-sylt.de, Plan S. 69 südl. e5

##  In der Umgebung

### Eidum Vogelkoje
| Freiluftmuseum |

Rund 2 km südlich der Stadt ist gegenüber dem Dünental Dikjen Deel eine ehemalige Entenfanganlage zu besichtigen. Sie entstand Ende des 17. Jh., das letzte Tier wurde 1935 gefangen. Inmitten des urwaldartigen Geländes sind am schilfgerahmten Teich Enten, Gänse, Teichhühner, Reiher, Bussarde und verschiedene Singvogelarten zu beobachten. Es gibt eine Ausstellung. ■ Süderinge 1, Tel. 01 71/216 78 87, www.hinrichsen-sylt.de, Mitte Mai–Mitte Okt. Mo 10–12, Di, Do 14–16, Mi, Fr 16–18, Sa 11–13 Uhr, Plan S. 68 südl. c5

# Rantum

*Weite Teile der Dünenlandschaft von Rantum sind geschützt*

## 2 Rantum

*Ruhepol zwischen den Meeren und das Meerkabarett als Highlight*

###  Information

■ Touristeninformation Rantum,
Strandweg 7, 25980 Rantum,
Tel. 046 51/99 80, www.insel-sylt.de
■ Parken siehe S. 81

Keine 600 m trennen hier die tosende Brandung mit breitem Strand an der Westseite vom ruhigen Watt und dem Rantumbecken mit der Vogelwelt. Die beschauliche Gemeinde steht für Ruhe und Erholung, hat zwei Strandsaunen und das riesige Rantumbecken als Naturschutzgebiet. Angelpunkt für anspruchsvolle Unterhaltung ist das Meerkabarett, das im Sommer ein Programm mit Stars aller Genres liefert. Und wer die legendäre Sansibar südlich von Rantum nicht kennt, ist eigentlich nicht auf Sylt gewesen.

###  Sehenswert

**Rantumbecken**
| Naturschutzgebiet |
Ein 11 km langer Deichweg führt rund um das Rantumbecken, das schon 1962 zum größten und artenreichsten Seevogelschutzgebiet an der deutschen Küste erklärt wurde, 1968 folgte die Ernennung zum Europaschutzreservat. Ornithologen zählen hier 260 verschiedene Vogelarten, von denen 60 im Naturschutzgebiet brüten. Zu den vorhandenen Biotopen Heide, Schilfgürtel, Flach- und Tiefwasser kamen 1972 im Osten mehrere aufgeschüttete Inseln, auf denen vor allem Seeschwal-

## Rantum

ben und Säbelschnäbler brüten. Im Jahr 1979 übernahm das Land Schleswig-Holstein die Pflege des Schutzgebiets, das zwischenzeitlich Gefahr lief zu versumpfen. Heute stellen ein Sielabfluss und eine Schleuse den regelmäßigen Wasseraustausch mit dem Wattenmeer sicher, dadurch bleibt der für die Biotope notwendige Salzwassergehalt im Becken erhalten. Ursprünglich sollten hier Wasserflugzeuge der Wehrmacht starten und landen, weshalb 1936 ein 570 ha großes Wattgebiet in der Rantumer Bucht mit einem 5,7 km langen Außendeich umgeben wurde.

■ Information, Ausstellung und Wattwanderungen: Schutzstation Wattenmeer Rantum, im ADS-Schullandheim, Am Torbogen 7, Tel. 046 51/92 61 70, www.schutzstation-wattenmeer.de, Buslinie 2 bis Rantum-Nord

### St. Peter
| Kirche |

Die einzige Reetdachkirche Sylts hat einen etwa 8 m hohen, separaten hölzernen Glockenturm und wurde im August 1964 eingeweiht. Zuvor waren an dieser Stelle vier Kirchen von Sturmfluten und Wanderdünen geraubt worden. Der kleine, unregelmäßig geschnittene Innenraum mit warmen Rottönen beherbergt einen Flügelaltar mit modernen Gemälden des Karlsruher Malers Emil Wachter aus den Jahren 1995 bis 1997. Das naiv wirkende Mittelbild »Segen von oben« stammt noch aus der Vorgängerkirche, die 1801 von einem Privatmann aufgekauft und abgetragen worden war. Im September finden in St. Peter Konzerte statt.

■ Strandweg, Tel. 046 51/88 02 55, www.kirche-hoernum-rantum.de

*Rustikales Ambiente, edle Küche – Sansibar in den Dünen bei Rantum*

# Rantum

##  Verkehrsmittel

Von Westerland fährt die **Buslinie 2** über Rantum nach Hörnum.

##  Parken

Am Strandweg hinter der Touristeninformation und an der Kirche, großer Parkplatz in der Hafenstraße, kleinerer am Rantumer Hafen, große Parkplätze Richtung Hörnum bei Samoa Nordstrand, Samoa Südstrand und Sansibar.

##  Restaurants

**€ | Hafenkiosk** Fangfrischer Fisch vom Kutter, vom Angler oder aus dem Rauch. Currywurst und Pommes gibt es auch. ■ Hafenstr. 24, Tel. 04651/7391, www.hafenkiosk24.de

**€€ | Hus in Lee** In den Windschatten der Dünen duckt sich die Friesenstube, wo Ente und Lammkarree besonders gut schmecken. Kaffee und Kuchen genießt man im Sommer gern im Garten. Sonntagvormittags gibt es Live-Jazz-Frühschoppen. ■ Hörnumer Str. 26, Rantum, Tel. 04651/21589, www.hus-in-lee.de, Jan.–Okt. Mi–Mo 12–21 Uhr

**€€ | Samoa Seepferdchen** In den Dünen führt »Padrone Kalle« eines der bekanntesten Lokale der Insel, eine rustikal-schicke Hütte mit lockerer Atmosphäre und feiner Küche. Sie bietet regionale Spezialitäten ebenso wie internationale Gaumenkitzler, sei es Nordseescholle oder Lammkarree. ■ Hörnumer Str. 70, Samoa (ca. 2 km südlich von Rantum), Tel. 04651/5579, www.samoa-seepferdchen.de

**€€ | Strandmuschel** In den Dünen, direkt am Strandübergang werden Pasta, Fisch und Fleisch zu günstigen Preisen aufgetischt. Gute Weinauswahl, der Prosecco zum Sonnenuntergang schmeckt hier besonders gut, nicht nur wegen des halben Preises. ■ Strandstr. 30, zum Hauptstrand, Tel. 04651/27175, www.strandmuschel-sylt.de

**€€ | Tiroler Stuben** An der Einfahrt zum Campingplatz kommen österreichische und norddeutsche Gerichte in rustikalem Ambiente auf den Tisch. Beliebte Außenterrasse. ■ Hörnumer Str. 3, Tel. 04651/835333

④ **€€€ | Sansibar** Das malerisch in die Dünen gekuschelte Lokal ähnelt äußerlich eher einer Blockhütte mit Veranda. Doch der rustikale Eindruck täuscht, Wirt Herbert Seckler legt Wert auf höchste Qualität: Etwa 30 000 Weine lagern im Gewölbe unter den Dünen, stets der richtige Tropfen für den gegrillten Red Snapper, das kaviargefüllte Rindercarpaccio oder die Bandnudeln mit weißen Trüffeln. Wer mittags kommt, profitiert von günstigeren Preisen, der Promifaktor ist aber ebenso hoch wie am Abend. ■ Hörnumer Str. 80, Sansibar (ca. 4 km südlich Rantum), Tel. 04651/964646, www.sansibar.de, tgl. ab 10.30 Uhr

##  Cafés

**Kaffeerösterei Sylt** Selbst gerösteter Kaffee, dazu Kuchen und Kekse nach alten Rezepten. Zum Beobachten von Kormoranen und anderen Vögeln im Rantumbecken liegen Ferngläser bereit. Rösttermine auf der Internetseite. ■ Hafenstr. 9, Tel. 0178/2743893, www.kaffeeroesterei-sylt.com, im Sommer tgl. 10.30–17.30 Uhr

##  Einkaufen

**Sansibar Outlet** Neben der Textilkollektion sind auch Gewürze, Öle und

## Rantum

Weine des Kultrestaurants (siehe Restaurants) zu etwas günstigeren Preisen zu haben. ■ Hafenstr. 6, Tel. 04651/995 48 01, www.sansibar.de

**Sylt Trading Kontor** Am Rantumer Hafen werden eine reiche Auswahl an Whiskys, Likören sowie zwei eigene Sorten Gin angeboten. Einige Destillate werden vor Ort verkostet, darunter Reed Gin, der sogar etwas Lister Meersalz enthält, und selbst gebrannter Whisky. ■ Hafenstr. 14, Tel. 04651/995 90 26, www.sylter-trading.de

### Bühne

**Meerkabarett** Es liefert jeden Sommer ein beachtetes Feuerwerk an Veranstaltungen mit beliebten Künstlern, Schriftstellern und Musikern. Dafür wird eine Halle der Sylt-Quelle leergeräumt und mit Bühne und Sitzen versehen. ■ Hafenstr. 1, Tel. 04651/4711, www.meerkabarett.de

### Kneipen, Bars und Clubs

**Coast** Neben vegetarischer Kost und regionalen Angeboten überrascht vor allem die große Weinauswahl (300 Sorten) in der Bar. Auch die Gins sind nicht zu verachten (knapp 40 Sorten) ■ Stiindeelke 1, Tel. 04651/1551, www.restaurant-coast.de, Bar tgl. ab 17 Uhr.

### Erlebnisse

**Natur erleben** Wanderungen rund ums Rantumbecken, Vogelbeobachtung bei den Brutinseln und geführte Fahrradtouren mit dem eigenen Fahrrad werden mehrmals die Woche angeboten. ■ Tel. 01520/5925928, www.jordsand.de

**Kochkurs beim Sternekoch** Tipps und Tricks zur Zubereitung saisonaler und typisch Sylter Speisen geben Küchenchef Jan-Philipp Berner und der Zweisternekoch Johannes King im Söl'ring Hof gern preis. Nach dem gemeinschaftlichen Schnippeln, Rühren und Braten belohnen sich alle mit einem gemeinsamen Essen, eine Rezeptmappe kann mitgenommen werden. ■ Am Sandwall 1, Tel. 04651/836200, www.soelring-hof.de

### Sport

**Schwimmbad im Dorfhotel** 15 × 10 m ist das Becken groß, es gibt ein Kinder- und Sole-Außenbecken sowie eine Sauna. ■ Hafenstr. 1 a, Tel. 04651/460 91 66, www.dorfhotel.com

**Strandgymnastik** im Bereich Samoa und Sansibar, wechselnde Zeiten.

**Surfkurse** für Einsteiger auf der Wattseite vermittelt das Dorfhotel. ■ Hafenstr. 1, Tel. 04651/460 91 66, www.dorfhotel.com und www.meerspass.info

### Entspannung

**Strandsauna Rantum** Am Weststrand kann man sich nach einer Finnischen Sauna auf den nächsten Aufguss vorbereiten. ■ Dünengrund 30, Strandübergang am Campingplatz, Tel. 04651/83 41 86 (April–Okt.), 04651/25707 (Nov.–März), www.strandsauna-sylt.de, Mai, Sept. 11–17, Juni–Aug. 11–18 Uhr, 2 Std. 13,50 €, Tageskarte 18,50 €

**Strandsauna Samoa** Finnische Holzhütte mit Panoramafenster und Dampfkabine. ■ Am Strandcafé Samoa, Hörnumer Str. 70, Tel. 0170/5540278, www.strandsauna-samoa.de, April-Nov. 12-18, Juli, Aug. bis 19, Dez.-März Fr-So 13-17 Uhr Tageskarte inkl. Handtuch 18 €

# 3 Hörnum

*Sandstrand, Seevögel und Schiffsverkehr kennzeichnen die Südspitze von Sylt*

## Information

■ Tourismus-Service Hörnum,
Rantumer Str. 20, 25997 Hörnum,
Tel. 04651/962 60, www.hoernum.de

Der Südzipfel der Insel ist ein Ruhepol, es gibt lange Strände zum Planschen und Schwimmen und die Arche Wattenmeer zum Verstehen des Lebensraums Nordsee. Der liegt einem hier vor den Füßen. Wie wär's mit einer kleinen Schiffsreise? Der Leuchtturm ist ein magischer Anziehungspunkt, er ist auch der einzige auf Sylt, der sich besichtigen lässt. Entsprechend lang ist meist die Warteliste. Neben dem famosen Ausblick von dort oben sind es die Erzählungen des Leuchtturmführers, die einen fesseln. Er plaudert gern auf Plattdeutsch, wenn denn alle zustimmen. Hörnum ist aber auch etwas für verliebte Paare, die lange Spaziergänge mögen, für Golfspieler und Strandsauna-Fans.

##  Sehenswert

### Hörnumer Leuchtturm
| Museum |

 *Bester Rundumblick und die alte Schule verblüffen*

Der jüngste Leuchtturm auf Sylt ist der einzige, der besichtigt werden kann. Das rot-weiß-rote Prachtstück steht auf einer 17 m hohen Düne und ragt selbst noch einmal 33 m auf. Das seit 1977 von Tönning auf dem Festland aus ferngesteuerte Leuchtfeuer bietet eine Stunde vor Sonnenuntergang bis eine

## *Im Blickpunkt*

### Die Muschelzucht vor Hörnum

Mit 30 Prozent Fleischanteil ist die Sylter Muschel sehr begehrt und wird sogar in Belgien und Frankreich verkauft. Sie wachsen etwa zwei Jahre im 2 m tiefen Wattenmeer vor Hörnum und werden zwischen dem 1. Juli und 31. März geerntet. Gegessen werden können sie mittlerweile dank der Kühlung das ganze Jahr hindurch.
Die Muschel gehört zu den etwa 80 Arten von Neobiota (Einwanderern) im Watt. Sie stammt aus amerikanischen Gewässern und wanderte erst in den 1960er-Jahren in das europäische Watt ein. Schnell avancierte sie zur Lieblingsmahlzeit der Austernfischer. Auch Möwen picken gern die Muscheln auf, die sich auf Buhnen oder felsigen Untergründen niederlassen. Daher schützen die Hörnumer Muschelfischer ihre Bestände mit engmaschigen Netzen.

## 3 Hörnum

*Das 33 m hohe rot-weiße Wahrzeichen von Hörnum steht auf einer 17 m hohen Düne*

Stunde nach Sonnenaufgang im Umkreis von 22,1 Seemeilen (37 km) Kapitänen Orientierung.

Im bullaugenbestückten Betriebsmittelraum im dritten Stock befand sich 1914 bis 1933 Deutschlands kleinste Schule. Einst wurden hier zwei bis fünf Schüler unterschiedlichen Alters unterrichtet, im Winter kam der Lehrer mit der Draisine von Morsum. Weiter oben befand sich die Stube des Hilfsleuchtturmwärters. Beliebt sind Trauungen: Seit 2002 haben sich hier mehr als 2400 Paare das Ja-Wort gegeben (Anmeldung beim Standesamt Sylt, Tel. 046 51/ 85 12 50/51/52 und standesamt@gemeinde-sylt.de). Ein 360-Grad-Panorama bietet auch die auf dem Leuchtturm installierte Webcam, die Livebilder in HD-Qualität liefert (www. hoernum.de).

■ An der Düne, Mo, Mi, Do stdl. 9–12 Uhr, nur mit frühzeitiger Reservierung, Touristinformation, Tel. 046 51/ 962 60 oder info@hoernum.de, max. 10 Pers., Kinder erst ab 8 Jahren

### *Gefällt Ihnen das?*

Dann liegt ein Besuch des **Ellenbogens bei List** (S. 116) nahe, wo zwei wunderschöne kleine Leuchttürme stehen. Die lassen sich zwar nicht von innen erleben, aber immerhin fotografieren. Dafür steht westlich von **Wittdün auf Amrum** (S. 147) das höchste begehbare Leuchtfeuer der deutschen Nordseeküste. Da sollten Sie hinauf!

### Hörnumer Hafen
| Aussichtspunkt |

Hier legen die Schiffe zur Stippvisite auf den Seehundsbänken oder zu den Halligen sowie nach Föhr und Amrum ab. Der Blick auf die Inseln sowie rüber zu den Miesmuschelfischern beeindruckt. Der Imbissstand ist ein beliebter Treffpunkt, wo man sich bei Fischbrötchen und Krabben stärken kann. Zu gewissen Terminen wird hier auch ein Flohmarkt veranstaltet.

■ Am Kai

## Hörnum

### ADAC *Wussten Sie schon?*

Willi, die **Kegelrobbe** im Hafen, ist eine Seehunddame und müsste eigentlich Wilhelmine heißen! Das zutrauliche Tier gehört mittlerweile zum »Hafeninventar«, ist die meist fotografierte Hörnumerin und mag gern einen frischen Fisch vom nahen Fischstand.
*Hörnumer Hafenbecken*

### St. Thomas
| Kirche |

Eine Treppe führt den Dünenhang hinauf zu dem markanten Kirchenbau, dessen weiße Außenwände wie Segel im Sonnenschein leuchten. Das im Jahr 1970 errichtete Gotteshaus ist wegen seiner ausgezeichneten Akustik bekannt (Orgelkonzerte sind zu empfehlen) und auch sonst ein interessanter Ort: Es gibt keine rechtwinklig verlaufenden Wandflächen.

■ Hangstr. 38, Tel. 046 51/88 02 55, www.kirche-hoernum-rantum.de

### Arche Wattenmeer
| Museum |

 *Der Lebensraum Nordsee wird eindrucksvoll dargestellt*

Eine Holzarche ist das Herzstück. Dort, wo einst der Altar dieser früheren katholischen Kirche St. Josef stand, wird heute über den Lebensraum Nordsee informiert. Das größte Nationalpark-Infozentrum der Schutzstation Wattenmeer ist hier zu Hause. Im Mittelpunkt steht die Frage, wie die Artenvielfalt der Nordsee trotz intensiver Belastungen durch Rohstoffförderung (Öl, Gas, Kies), Fischerei sowie dem Bau von Windparks oder der Verlegung von Stromkabeln bewahrt werden kann. Zudem lässt sich von hier die Südtour des Whalewatcher-Trails starten (S. 114).

■ Rantumer Str. 33, Tel. 046 51/886 22 29, www.arche-wattenmeer.de und www.schutzstation-wattenmeer.de, April–Okt., Di-So 10-18 Uhr, Erw. mit Gästekarte 6 €, erm. 4 €, Kinder 3 €

### Hörnum Odde
| Naturschutzgebiet |

 *Der Südzipfel ist die Bühne für ein Naturschauspiel*

Ein Spaziergang um die etwa 600 m lange und 350 m breite, flach auslaufende Sandspitze dauert etwa 2 Stunden. Vor 15 Jahren waren es noch drei Stunden, so viel mehr Sandflächen gab es damals. Wind und Wellen modellieren ständig das Profil der Hörnum Odde. Die Landabbrüche schlagen hier besonders schlimm zu Buche, und allein in den 1980er-Jahren versanken während mehrerer Fluten zwei Leuchtfeuer sowie die Reste gesprengter Wehrmachtsbunker im Meer. Nun sollen Tetrapoden die offene Seite der Odde und die dahinterliegenden Häuser vor weiteren Abbrüchen schützen. Möwen erfüllen die Luft mit ihren kreischenden Rufen, am Strand huschen Kiebitze, Alpenstrandläufer und Rotschenkel über die feucht glänzenden Flächen – ein herrlicher Spaziergang!

■ Kurweg im Osten, Süderende im Westen

###  Verkehrsmittel

Von Westerland fährt die **Linie 2** über Rantum nach Hörnum.

### Parken

Am Hörnumer Hafen, in Strand- und Hafenstraße sowie im Strandweg

## Hörnum

## *Im Blickpunkt*

### Das Meer nagt ständig an der Insel

Wo die Strömung beim Wechsel von Ebbe und Flut am größten ist, geht am meisten Sand verloren: am Ellenbogen im Norden und an der Hörnum Odde im Süden. Die sandige Südspitze hat seit den 1930er-Jahren bis heute etwa die Hälfte ihrer Größe an Länge und Breite verloren. Das liegt aber vor allem an den heftigen Sturmfluten, die der gesamten, rund 40 km langen Westküste zusetzen. Südlich von Rantum, an der mit nur 500 m schmalsten Stelle Sylts, schwappte schon 1962 die Nordsee bis zum Wattenmeer herüber. Der Südteil war kurzzeitig vom Rest der Insel abgeschnitten. Schon im 19. Jh. wurden erste Buhnen als Wellenbrecher ins Meer gebaut, später Tetrapoden aufgeschichtet. Seit 1972 helfen jährliche Sandvorspülungen, den durch die Winterstürme ins Meer gerissenen Sand wieder zum Strand zu holen und ihn so aufzupolstern. Es bleibt eine Daueraufgabe.

###  Restaurants

€ | **Fisch-Matthiesen** Der Fischimbiss mit angeschlossenem Restaurant überzeugt mit seinen fairen Preisen und leckeren Gerichten. Frischer Fisch ist auch im Verkauf erhältlich. ■ Rantumer Str. 8, Tel. 046 51/88 17 73, www.fisch-matthiesen-sylt.de

€ | **Sylter Muschelbude** Seit 2013 werden vor Hörnum Miesmuscheln (siehe Im Blickpunkt S.83) gezüchtet. Die fangfrischen Muscheln werden nachmittags im Hafen gekocht – man kann sie gleich essen oder mitnehmen. ■ Hafen, Tel. 01 60/98 07 76 73, tgl. 11-18 Uhr

€€ | **Breizh** Bretonische Köstlichkeiten, fangfrischer Fisch, Bouillabaisse und Cidre lassen bei bester Sicht auf Dünen und Dorf nahe am Hauptstrand südliche Urlaubsgefühle aufkommen. Eine Glaswand schützt draußen vor Wind. Für den kleinen Hunger gibt es einen Kiosk. ■ Strandweg, Tel. 046 51/460 81 88, tgl. ab 12 Uhr

€€ | **Kap-Horn** Das Strandrestaurant in einer größeren Holzhütte erfüllt kulinarische Grundbedürfnisse solide. Wer Glück hat, kann draußen ein Plätzchen im Strandkorb ergattern. Besonders schön sind dann die Sonnenuntergänge zu beobachten. ■ Süderende 24, Tel. 045 61/88 15 48, www.kap-horn-sylt.de, tgl. ab 12 Uhr

€€ | **Möllers Anker** Das alteingesessene, bis 2011 als »Rostiger Anker« bekannte Lokal nahe dem Hafen bietet gehobene bürgerliche Küche mit regionalem Einschlag an, wobei Gerichte wie Labskaus und natürlich Fisch in allerlei Varianten die Akzente setzen. Fleisch- und Fischfondue auf Vorbestellung. ■ Blankes Tälchen 8, Tel. 046 51/88 10 50, www.moellers-anker.de, Di–So 12–14.30, 17.30–22 Uhr

## Hörnum

 ### Cafés

**Bistro Dock 2** Das Frühstücksbüfett im Hotel 54° Nord ab 8.30 Uhr ist begehrt, bitte reservieren (S. 89).
**Café Lund** Kuchen und Eis aus eigener Herstellung sind grandios. Morgens trifft man sich hier zum Brötchenholen. ■ Rantumer Str. 1–3, Tel. 046 51/88 10 34, www.cafe-lund.de, Di–Sa 9–18 Uhr

 ### Konzerte

**Donnerstagskonzerte** Abends im Juli und August in der Segel-Kirche St. Thomas (S. 85). ■ www.kirche-hoernum-rantum.de/konzerttermine

 ### Kneipen, Bars und Clubs

**Bar** im Hotel 54° Nord (S. 89). ■ Strandstr. 2, Hörnum
**Club 23** Das südlichste Partylokal auf Sylt ist einen Besuch wert. ■ Rantumer Str. 23, Tel. 046 51/936 74 30, www.club23-sylt.de, Di–Sa ab 20.30 Uhr, So, Mo geschl.

 ### Kinder

**Arche Wattenmeer** »Bitte anfassen« ist hier die Devise: In der Ausstellung können Kinder Kegelrobben, Schweinswale, Austernfischer oder Regenpfeifer kennenlernen und einen Seestern oder eine Strandkrabbe streicheln (S. 85).
**Baden am Oststrand unterhalb des Leuchtturms** Ein gemäßigter Wellengang und flach abfallende Strände garantieren Kinderspaß beim Spielen und Planschen. ■ Kurweg
**Besuch im Hörnumer Leuchtturm** Kinder ab 8 Jahren können den Leuchtturm erklimmen, in die Schulstube schnuppern und sich einen Überblick über die Insel verschaffen (S. 83).

 ### Events

**Biikebrennen** Das friesische Nationalfest wird am 21. Februar mit Fackelzug und Grünkohlessen gefeiert (S. 128). ■ Treffpunkt Tourismus-Service-Hörnum, www.hoernum.de/de/veranstaltungen
**Osterfeuer** Am Ostersamstag mit traditionellem Fackelmarsch. ■ In der Nähe des Campingplatzes Rantumer Str. 31
**Beach Polo World Cup** Argentinische Polo-Pferde springen an Pfingsten vor 10 000 Zuschauern am Oststrand. ■ www.polosylt.de, Eintritt frei
**Mittsommernacht** Hörnum feiert den längsten Tag des Jahres an einem Samstag um den 21. Juni mit Fackelwanderung und Lagerfeuer am Strand. ■ Treffpunkt Tourismus-Service-Hörnum, www.hoernum.de/de/veranstaltungen
**Super Sail Sylt** Zweitägige Katamaran-Regatta Ende Juni/Anfang Juli. ■ www.sylter-catamaran-club.de
**Hörnumer Hafenfest** Mit Krabbenpulwettkampf, Kinderspielstraße und Segeltörns ist das Familienfest am ersten Wochenende im August gut besucht. Abends Feuerwerk. ■ www.hoernum.de/de/veranstaltungen

 ### Erlebnisse

**Bootsausflüge** vom Hafen nach Amrum und zur Hallig Hooge (tgl. um 10 und 12 Uhr), zur Hallig Gröde, zu allen Halligen, ins Watt, zu den See-

### ADAC *Spartipp*

Während des Sommerfahrplans der **Adler-Schiffe** erhalten bis zu fünf Personen gegen Vorlage der Sylt-Shuttle-Fahrkarte 15 Prozent Ermäßigung auf ausgewählte Schiffstouren.

hund- bzw. Miesmuschelbänken sowie High Speed nach Helgoland. ■ Adler-Schiffe, Tel. 01805/123344, www.adler-schiffe.de

**Führungen** Die Schutzstation Wattenmeer (S. 85) bietet zahlreiche unterhaltsame Wanderungen oder vogelkundliche Führungen an. Zu empfehlen ist die Sagenwanderung quer durch Hörnum mit spannenden Geschichten aus dem alten Seeräubernest. ■ Rantumer Str. 33, Tel. 04651/8862229, www.arche-wattenmeer.de, Infos: www.schutzstation-wattenmeer.de

 **Sport**

**Golfclub Budersand Sylt** Zwischen Nordsee und Wattenmeer erstreckt sich der 18-Loch-Platz, angelegt als Links-Course nach schottischem Vorbild. ■ Fernsicht 1, Tel. 04651/4492710, www.gc-budersand.de

**Segelkurse und Bootsvermietung** im Revier zwischen Sylt, Amrum und Föhr.

■ Sylter Catamaran Club, Hafenstraße, Tel. 0160/9593 7473, www.sylter-catamaran-club.de

**Surf-, Segel- und Stehpaddel-Kurse** Verleih von Ausrüstung. Ein Café ist auch da. ■ Südkap-Düne (am Ortsende, Oststrand), Hörnum, Tel. 0176/71817177, www.suedkap-surfing.de

 **Entspannung**

**Strandsauna** Finnische Blockhütten-Sauna sowie Biosauna mit Farbklang-Therapie sind über eine kleine Treppe mit dem Strand verbunden.

■ Hörnum, Süderende 25, Tel. 04651/880300, www.syltsauna.de/strandsauna-hoernum, Mai–Okt. 12–18 Uhr, Tageskarte 20 €, Reservierungen in der Hochsaison empfohlen

*Die Hörnum Odde an der Südspitze wird von Wind und Wellen modelliert*

# Übernachten

Während man in Westerland eine Reihe hübscher, eleganter und teils auch preiswerter Hotels findet, ist die Auswahl in Rantum und Hörnum eingeschränkt. In beiden Orten lassen sich auch ansprechende Häuser finden, die mit viel Atmosphäre punkten, aber dort bezieht der Gast meist eine Ferienwohnung. Eine Übersicht von Anbietern findet man unter: www.sylt.de.

## Westerland .................................... 66

**€ | Hotel Amselhof** Familiäres Hotel garni mit Wellnessbereich und Sauna. ■ Amselweg 7, Tel. 046 51/823 70, www.hotel-amselhof.de, Plan S. 68 südl. c34

**€ | Pension Haus Lassen** Altes Kapitänshaus, modern, eher zweckmäßig eingerichtet. ■ Boysenstr. 14, Tel. 046 51/51 75, www.hauslassen.de, Plan S. 68 c4

**€€ | Haus Niedersachsen** Bio und regenerativ, elektrosmogreduzierte Zimmer. Bouleplatz, Leseraum, Sauna, Massagepraxis und Dachterrasse mit Meerblick. ■ Margarethenstr. 5, Tel. 046 51/922 20, www.hotel-niedersachsen.de, Plan S. 68 b3

⑦ **€€ | Haus Noge** Im alten Kapitänshaus lässt sich bis 12 Uhr frühstücken, zum Strand sind es nur 200 m. ■ Dr.-Ross-Str. 31, Tel. 046 51/928 60, www.haus-noge-sylt.de

**€€ | Long Island House Sylt** Modern eingerichtetes und mit Meeresaccessoires durchgestyltes Hotel garni in zentraler, ruhiger Lage. ■ Eidumweg 13, Tel. 046 51/995 95 50, www.sylthotel.de, Plan S. 69 d5

**€€ | Villa 54° Nord** Zentral gelegenes Designhotel mit Apartments in einer im Bäderstil um 1900 erbauten Villa. ■ Norderstr. 21, Tel. 046 51/836 40 08, www.villa54-sylt.de, Plan S. 68 c2

**€€ | Dünenburg** Familiäres Haus mit 34 Zimmern, teils mit Balkon. Weinlokal und gutes Restaurant. ■ Elisabethstr. 9, Tel. 046 51/822 00, www.duenenburg.de, Plan S. 68 b3

**€ | Haus Bomhoff** Das familiäre Haus bietet ruhige Zimmer, Garten und Wellness. Strand und Innenstadt lassen sich in wenigen Minuten zu Fuß erreichen. ■ Dr.-Ross-Straße 23, Tel. 046 51/273 92, www.haus-bomhoff-sylt.de

## Rantum ................................ 79

**€€ | Dorfhotel Sylt,** Apartment-Anlage am Rantumbecken, mit Sauna, Pool, Spa und Kinderclubs. ■ Hafenstr. 1a, Tel. 046 51/460 90, www.dorfhotel.com

**€€€ | Alte Strandvogtei** Ruhige Zimmer und Apartments im historischen Friesenhaus. Sonnenterrasse und Liegewiese. ■ Merret-Lassen-Wai 6, Tel. 046 51/922 50, www.alte-strandvogtei.de.

## Hörnum ................................ 83

**€€ | Apartmenthotel am Leuchtturm** Hotel mit Apartments knapp 500 m vom Oststrand. Ein feiner Rückzugsort mit Schwimmbad, Sauna, Terrasse und Liegewiese. ■ An der Düne 38, Tel. 046 51/961 00, www.hotel-leuchtturm.com

**€€ | Hotel 54° Nord** Der einstige Bahnhof ist bei jungen Menschen beliebt. Die Bar und das Bistro »Dock 2« sind exquisit. ■ Strandstr. 2, Tel. 046 51/44 91 70, www.hotel54gradnord.de

# Der Norden: Wenningstedt-Braderup, Kampen und List

*Dünen, Wattenmeer und Kliffe gehören zu den Schätzen des Sylter Nordens und sind eine Entdeckung wert*

## In diesem Kapitel:

**4** Wenningstedt .................. 92
**5** Braderup .......................... 98
**6** Kampen ........................... 100
**7** List ..................................... 109
Übernachten ........................... 117

## ADAC Top Tipps

 **Denghoog bei Wenningstedt**
| Archäologische Stätte |
Das steinzeitliche Ganggrab, einmalig in Norddeutschland, ist begehbar und die größte geschichtliche Sehenswürdigkeit Sylts. ........................ 94

 **Rotes Kliff, Kampen**
| Naturschutzgebiet |
Der im Abendlicht rot leuchtende Sandstein der 30 m hohen und 4 km langen Kante entzückt nicht nur Romantiker. ........................ 103

 **Uwe-Düne, Kampen**
| Ausblick |
Als höchste Erhebung der Insel ist sie ideal für den Rundumblick von Nord bis Süd sowie Meer und Watt. ........ 104

 **Erlebniszentrum Naturgewalten, List**
| Museum |
Wissen über Klima, Natur und Nordsee lässt sich kaum besser vermitteln als

Wenningstedt-Braderup vereint die Gegensätze. Hier das Familienbad mit Tradition. Da das beschauliche Braderup mit Heideflächen und dem Weißen Kliff am Wattenmeer. Wer in Kampen wohnt, ist entweder prominent, hält sich dafür oder möchte sich ins aufregende Partyleben stürzen. Schließlich hat der Ort eine imageprägende Vergangenheit als Refugium von Stars und Sternchen sowie Wirtschaftsbossen und Politikern, die gern am Strand schwoften. Die legendäre »Buhne 16« besteht noch, auch die Whiskymeile erweist sich als sturmfest. In List steht mit die nördlichste Fischbude Deutschlands, der Nabel des Gosch-Imperiums. Vom Naturschutzgebiet Ellenbogen aus lässt sich die Fähre beobachten, die ihre Gäste nach Dänemark übersetzt.

in diesem ansprechend gestalteten Haus. ............................................................. 111

### 7. Ellenbogen
| Naturschutzgebiet |
Die eigenwillige Form der nördlichsten Spitze Deutschlands ist einen Besuch wert und bietet fantastische Ausblicke. ......................... 116

## ADAC Empfehlungen

### 8. Haus am Kliff mit Strandzugang, Wenningstedt
| Promenade |
Neues Kurhaus, einziger Lift zum Strand und die Treppenrutsche sind die Besonderheiten. ..................... 92

### 9. Gosch am Kliff, Wenningstedt
| Restaurant |
Das Dünenrestaurant des Fischkönigs Gosch vereint gute Küche, gelungene Architektur und tollen Ausblick. ...................................................... 93

### 10. Weißes Kliff mit Braderuper Heide
| Naturschutzgebiet |
Die wellige Landschaft am Watt ist ein Synonym für naturnahe Entspannung. .................................................... 98

### 11. Kampener Kunst- und Kulturpfad
| Skulpturenmeile |
Kulturell interessant und kostenlos – was für ein schönes Geschenk an die Gäste. ........................................... 101

### 12. Lister Markt
| Einkaufsmeile |
Gastronomie und Läden sind hier seit 2017 die neue Attraktion im Norden der Insel. ....................................................... 111

### 13. Wonnemeyer, List
| Strandrestaurant |
Am Weststrand von List beste Biokost und Genuss in den Dünen. ................................................. 112

# 4 Wenningstedt

*Familienfreundliches Seebad mit modernem Strandzugang*

### Information

■ Tourismus-Service Wenningstedt-Braderup, Haus am Kliff, Strandstr. 25, 25996 Wenningstedt-Braderup, Tel. 04651/4470, www.wenningstedt.de
■ Parken siehe S. 94

Schon vor 5000 Jahren siedelten hier Menschen. Das beweist eines der ältesten Steinzeitgräber Norddeutschlands. Der Denghoog neben der Friesenkirche lässt sich besichtigen, die gefundenen Grabbeigaben sind allerdings in Keitum ausgestellt. Der Ort ist heute ein begehrtes Familienziel, das den etwas biederen Charme längst abgestreift hat. Gerade das neue Kurhaus mit einem spannenden Programm, der für Jung und Alt geschaffene Strandzugang mit Rutsche und Lift und die freundlichen Lokale im Ort unterstreichen das. Und der idyllische Dorfteich ist einmalig auf Sylt!

 **Sehenswert**

### Haus am Kliff mit Strandzugang
| Promenade |

 *Mit Fahrstuhl oder Tunnelrutsche an den Strand*

Das moderne Kurhaus an der Strandpromenade bietet Platz für Geschäfte,

### ADAC *Wussten Sie schon?*

**Elektro-Strandrollstühle** (cadWeazle) lassen sich beim Tourismusbüro ausleihen. Der Akku hat eine Laufzeit von etwa vier Stunden und kann am Strand an den Rettungsschwimmerhäuschen wieder aufgeladen werden.
*Strandstr. 25, Wenningstedt-Braderup, Tel. 04651/44770, www.wenningstedt.de*

*Außen wie innen schlicht und freundlich: die Friesenkapelle in Wenningstedt*

Lokale, die Touristeninformation sowie vielfältige Veranstaltungen. Im Kursaal wird ein hochwertiges Kulturprogramm geboten. Davor überzeugt die neue, breite Holztreppe zum Hauptstrand mit Fahrstuhl und Tunnelrutsche, die vor allem bei Kindern sehr beliebt ist. Familien mit Kinderwagen und Rollstuhlfahrer gelangen mit einem Treppenlift barrierefrei zum Hauptstrand. Und Sylt4Fun (S. 96) liefert mit einer Outdoor-Anlage mit Trampolinen und wechselnden Attraktionen ganz in der Nähe weitere Lebensfreude. Im Winter glänzt die Eiskunstbahn aus synthetischen Eisplatten.

■ Strandstr. 25/Am Strandübergang Risgap, Tel. 04651/44730, www.kursaal3-sylt.de

## Gosch am Kliff
| Restaurant |

 Architektonisch der schönste Gosch-Laden der Welt

Unter dem begrünten Dach des wellenförmigen Neubaus, der sich perfekt in die Landschaft einfügt, bietet »Jünnes Düne« bewährte Kost. Der Meeresblick von den Holzterrassen bei Sonnenuntergang ist unbezahlbar (siehe Im Blickpunkt S. 110).

■ Dünenstr. 17 a

## Dorfteich
| Rundweg |

Mit dem Steg und den beiden Vogelinseln etwas für einen geruhsamen kurzen Spaziergang. Am Ufer stehen reizende reetgedeckte Friesenhäuser, auf der Ostseite liegt ein netter kleiner Park mit Entenhaus. Das idyllische Gewässer lässt sich gut zusammen mit der Friesenkapelle und dem Denghoog besuchen.

■ Bi Kiar

Holzstege schützen die Dünen und erleichtern den Zugang zum Strand

## Friesenkapelle
| Kirche |

Ob zum Fußball oder alle 14 Tage mittwochs zum Frühstückstreff, ob für Schiffsmodellbauer, Skatfreunde oder Gospelchor, hier wird Lebendigkeit zum Programm. Der einschiffige rote Backsteinbau mit niedrigem Kirchturm entstand 1914. Der Innenraum zeigt Elemente von Jugendstil. Die wie ein Schiffsrumpf gewölbte Decke ist mit Szenen aus der Bibel bemalt. Auf den Wänden darunter läuft ein Schriftband um, auf dem das Vaterunser in Söl'ring, dem Sylter Friesisch, zu lesen ist. Die ungewöhnliche, vollständig blau-weiß gekachelte Altarwand erinnert an einen Pesel, die friesische gute Stube.

■ Bi Kiar 3, Tel. 04651/8892500, www.friesenkapelle.de

# 4 Wenningstedt

## Im Blickpunkt

### Zeitsprung 5000 Jahre zurück

Als der Hamburger Geologe Ferdinand Wibel das rund 5000 Jahre alte Ganggrab Denghoog 1868 entdeckte, fand er Skelette, Gefäße, einen Rinderzahn, Trichterbecher, Beile und Meißel aus Stein, Feuersteinklingen sowie sechs Bernsteinperlen. Kopien sind im Sylter Heimatmuseum in Keitum ausgestellt (S. 125). Die Originale präsentiert das Schleswig-Holsteinische Landesmuseum Schloss Gottdorf (zwischen Kiel und Flensburg gelegen). Weitere 580 Grabhügel aus Jungstein-, Bronze- und Wikingerzeit befinden sich auf der Insel, die meisten zwischen Keitum und Kampen. Angeln und Sachsen sollen um 450 n. Chr. von Sylt aus nach England aufgebrochen sein, um das nach der Römerherrschaft freie Land zu erkunden. Gesichert ist: Seit dem 5. Jh. wohnten Friesen auf Sylt. Damals lag der Meeresspiegel übrigens etwa 3 m niedriger als heute.

## Denghoog
| Archäologische Stätte |

 *Bis zu 18 t schwere Findlinge formen ein Hügelgrab*

Denghoog, eines der schönsten Ganggräber der jüngeren Steinzeit, heißt übersetzt »Hügel auf der Wiese«. Nur Hünen, so dachte man, seien in der Lage gewesen, die Granitklötze hierher zu wuchten. Der grasbewachsene Erdhügel misst rund 32 m im Durchmesser und steigt sanft bis zu einer Mittelhöhe von 3,5 m an. Es ist ein gut erhaltenes steinzeitliches Ganggrab und die bedeutsamste archäologische Sehenswürdigkeit Norddeutschlands. Es wurde um etwa 3000 v. Chr. angelegt. Das Kernstück bildet ein 6 m langer und 1 m hoher Gang, der in eine ellipsenförmige, 5 × 3 m große mannshohe Grabkammer mündet. Die Wände bestehen aus riesigen unbehauenen Findlingen, auf denen schwere Decksteine ruhen. Der Erdhügel wurde schichtweise um das Ganggrab aufgehäuft.

■ Bi Kiar, Tel. 04561/328 05, www.soelring-foriining.de, Mai–Sept. Mo–Fr 10–17, Sa, So 11–17, April, Okt. Mo–Fr 10–16, Sa, So 11–16 Uhr

### 🚏 Verkehrsmittel

**Line 1** fährt von Westerland nach Wenningstedt und weiter nach Kampen und List. **Linie 3** fährt auf einem Rundkurs von Westerland über Tinnum, Keitum, Munkmarsch, Braderup und Wenningstedt nach Westerland zurück sowie als **Linie 3a** in umgekehrter Richtung (mit teils anderen Stationen).

### 🅿 Parken

Südlich vom Kurhaus, im Dünengrund sowie nahe der Friesenkapelle (Gaadt).

## Wenningstedt

### 🍴 Restaurants

⑨ **€ | Gosch am Kliff** Das Lokal in den Dünen bietet maritime Köstlichkeiten wie Paella und Riesenscampi sowie eine grandiose Aussicht. Bei schönem Wetter speist man gemütlich auf der Terrasse, sonst hinter einer großen, zum Meer hin offenen Glasfassade. ■ Dünenstr. 17a, Tel. 04651/995 94 90, www.gosch.de, ganzjährig ab 11 Uhr, keine Reservierung!

**€ | Strandbistro** Direkt am Hauptstrand und mit Meerblick isst man hier Fische und Muscheln. Burger und Steaks kommen vom Lavagrill. Abendkarte ab 17 Uhr. Ein schöner Ort auch am Abend. ■ Am Kliff, Tel. 04651/417 03, www.strandbistro-sylt-wenningstedt.de

**€€ | Iismeer** Das Bistro im Haus am Kliff überzeugt mit Bio-Eis und ungewöhnlichen Sorbets. Für den größeren Hunger können Knüppelknifte (Stockbrot) sowie Fleisch-, Fisch- und Gemüsespieße selbst am Tisch gegrillt werden. Ein Erlebnis – nicht nur für Kinder. Hier ist sogar Eis für Hunde im Angebot! ■ Strandstr. 25, Tel. 04651/957 27 19, www.iismeer.com

**€€ | Onkel Johnny's Strandwirtschaft** Der Nachfolger vom legendären »Wonnemeyer« ist zunächst nur vorläufig hier aktiv. Sie wollen 2020 ein neues Konzept vorlegen. Doch wer künftig auch im Stelzenlokal am Strand das Sagen hat, die Lage ist allerbestens und der Sundowner nicht zu verachten. ■ Osetal 3, Tel. 0170/900 91 95 Mitte Nov.-Mitte Feb. geschl.

**€€€ | Fitschen am Dorfteich** Gemütliche Gastzimmer im Reethaus am Teich, Gartenterrasse mit Strandkör-

*Speisen mit Aussicht: Die auf Holzpfählen erbaute Onkel Johnny's Strandwirtschaft*

# Wenningstedt

ben. Die friesisch-schwäbische Küche bietet frischen Fisch ebenso wie Maultaschen. ■ Am Dorfteich 2, Tel. 046 51/321 20, www.fitschen-am-dorfteich.de

€€€ | **Strandhörn** Feines Restaurant im exklusiven Familienhotel Strandhörn. Für Gaumenkitzler wie Brunnenkresseschaumsuppe und getrüffeltes Kotelett vom Stubenküken sowie moderne Kunst im Gastraum sorgt Dirk Lässig. ■ Dünenstr. 20, Tel. 046 51/945 00, www.strandhoern.de

### Einkaufen

**Feinkost Meyer** Hier ist u.a. edles »Champagner-Bier« erhältlich. Gebraut wird es in Flensburg, der Hopfen wächst in Keitum. ■ Osterweg 1–5, Tel. 046 51/48 21, www.feinkostmeyer.de

**Haus am Kliff** Souvenirs und Postkarten hält die Touristeninformation im Haus am Kliff bereit (S. 92).

### Bühne

**Kursaal Sylt** Im Veranstaltungssaal wird beste Unterhaltung geboten. Der Tanztee am Sonntagnachmittag erfreut

## ADAC *Mittendrin*

Artisten aus aller Welt zeigen in den Sommermonaten Di–Do, beim **InselCircus** ihr Können. Jeden Freitag gibt es Shows von Kindern, die eine Woche lang Zirkusluft geschnuppert haben. Die Vorführungen sind ein großes Familienfest, denn die Eltern schauen begeistert zu. Im Zeltrestaurant CircoRante kann mit Artisten zu Mittag gegessen werden.
*Bi Kiar, Tel. 046 51/29 94 99, www.circus-mignon.de*

sich großer Beliebtheit (Termine unregelmäßig). ■ Haus am Kliff, Strandstr. 25, Tel. 046 51/447 30, www.kursaal3-sylt.de

### Konzerte

**Boogie in the Church** Meist zum Wochenanfang treten in der Friesenkapelle unterschiedliche Gastmusiker auf, die zum Teil Songs neu interpretieren. Die Kirche wird dann zum Klangerlebnis. ■ www.friesenkapelle.de

### Kneipen, Bars und Clubs

**Lässig Bar** Die Weine und Cocktails können sich sehen lassen. Öfter gibt es Livemusik. Die Einkehr in der modern gestylten Bar des Hotels Strandhörn rundet den Strandtag gekonnt ab. ■ Dünenstr. 20, Tel. 046 51/945 00, www.strandhoern.de

### Kinder

**Minicross** Im Sommer können sich kleine Biker auf einer Rennpiste ausprobieren. Helm wird gestellt, lange Hose und feste Schuhe sind Pflicht. ■ Tel. 046 51/299 76 83, www.mini-cross.de, Preis auf Anfrage

**Minigolf** Neben dem Minigolfplatz mit 18 Löchern können Mensch-ärgere-dich-nicht, Mühle, Dame und Schach in Riesenformat gespielt werden. ■ Dünenstr. 24 a, Tel. 01 60/326 17 80, Erw. 3,50 €, Kinder 2,50 €

**Sylt4Fun** Am Strandübergang Risgap bietet die Outdoor-Arena mit Trampolinen und wechselnden Attraktionen viel Raum zum Austoben, im Winter sogar eine Eiskunstbahn aus synthetischen Eisplatten. Die **Funsporthalle** (Norddörfer Halle, Norderweg 3) mit großem Indoor- und Outdoorbereich

## Wenningstedt 4

ist mit Tischkicker, Airhockey, Balanceboards und zwei Kletterwänden bestens ausgestattet. Skateboards, Waveboards und Roller können getestet werden. ■ Infos und Öffnungszeiten: www.facebook.com/sylt4fun, Tageskarten 4–6 €, Familienkarten 14 €

**Wattrandführung** Spezielle Angebote für Kinder bietet das Naturschutzzentrum Braderup an. ■ Infos/Termine: www.wenningstedt.de, Spenden erbeten: Erw. 7,50 €, Kinder 4,50 €

 **Events**

**Hundstage** Jeden März und November laufen bei der einwöchigen Veranstaltung Seminare, Workshops, Ausflüge und Vorträge rund um den Hund und seine artgerechte Haltung. Von November bis Mitte März ist der Strandzugang für Hunde fast überall möglich. Leinenfrei geht's dann ab durch die Brandung. ■ www.wenningstedt.de

**Dorfteichfest** Tagsüber schwimmen Modellschiffe auf dem Teich um die Wette, abends gibt es Musik und Tanz im Zelt. ■ Letztes Juliwochenende

### ADAC *Mittendrin*

In Wenningstedt springen viele Sylter am ersten Tag im Jahr in die Fluten. Ein mutiger Entschluss, als Gast beim **Neujahrsbaden** dabei zu sein! Das spätere Schulterklopfen ist garantiert.
*Beim Haus am Kliff, S. 92*

 **Erlebnisse**

**Schlittschuhlaufen** Auf einer 300 m² großen Kunststoff-Schlittschuhbahn im Freien an der Promenade lässt sich von Ende Nov.-Ende Feb. fahren. Die Schuhe sind Inlineskates mit Metallrollen. ■ Das aktuelle Programm steht unter www.wenningstedt.de

**Geologische Führung am Roten Kliff** Während der dreistündigen geologischen Rundwanderung am Roten Kliff wird außer über Gesteins- und Sandablagerungen auch Wissenswertes über den Küstenschutz erzählt. ■ Strandübergang Berthin-Bleeg-Straße, Telefonzelle, Tickets in der Touristeninformation, Kinder bis 11 Jahre 5 €, ab 12 Jahren 7,50 €, Erwachsene 10 €

 **Sport**

**Bouldern** Über zwei Wände und 200 m² mit Überhang erstreckt sich die Boulderwand, an der Kinder und Erwachsene trainieren können. Boulder-Kurse auf Anfrage. ■ Norddörfer Halle, Norderweg 3, www.facebook.com/sylt4fun, Tageskarten 4–6 €, Familienkarten 14 €

**Golf** Auf der schönen 18-Loch-Anlage hat man den schwarz-weißen Kampener Leuchtturm immer im Blick. ■ Golf-Club Sylt, Norderweg 5, Tel. 04651/9959810, www.golfclubsylt.de, www.syltergolfakademie.de

**Qi Gong** Entspannung in Alltagskleidung wird an der Brücke am Dorfteich angeboten ■ www.wenningstedt.de

**Südkap Surfing** Kurse in Wellenreiten, Segeln, Windsurfen, Kiten oder Stehpaddeln. ■ Dünenstr. 14, Tel. 04651/9570373, www.suedkap-surfing.de

**Yoga am Hauptstrand** An der Haupttreppe zum Strand treffen sich Anfänger und Fortgeschrittene. ■ Di, Mi und Do von 8.30–9.30 Uhr zum Sunrise. Susanne Chinnow, Tel. 04651/29598, www.yogaaufsylt.de

# Braderup

*Bezaubernd schöne Natur – vom Weißen Kliff bis zur Heideblüte*

###  Information

■ Tourismus-Service Wenningstedt-Braderup, Haus am Kliff, Strandstr. 25, 25996 Wenningstedt-Braderup (S. 92)

Der Wenningstedter Ortsteil liegt an der Wattenmeerseite und präsentiert sich naturnah. Der Name Braderup leitet sich von Brererep ab, was »Dorf am Abhang« heißt. Damit ist das Weiße Kliff gemeint. Auch das Naturschutzgebiet Braderuper Heide ist einen Besuch wert. Verträumte Wege führen durch die Landschaft, malerische Friesenhäuser ducken sich hinter Büschen und Bäumen. Zum Pflücken und Einkaufen von Obst und Gemüse eignet sich das Erdbeerparadies bestens – ein Ziel für Familien.

###  Sehenswert

**Naturzentrum Braderup**
| Ausstellung |

Das Holzgebäude am südlichen Ortsausgang stimmt bereits im Außenbereich auf das Thema Naturschutz ein: mit dem schilfgerahmten Teich, einer Benjeshecke aus Reisig und kleineren Ästen, einem Kräutergarten sowie einer aufgeschütteten Düne und einer angepflanzten Heidewiese. Innen informieren großformatige Wandtafeln über das Wattenmeer, die Braderuper Heide und das Morsum-Kliff. Besucher lernen außerdem etwas über Schweinswale vor Sylt (S. 115). Das Haus ist nach der Wenningstedter Naturschützerin Clara Enss benannt.

■ M.-T.-Buchholz-Stich 10a, Tel. 046 51/444 21, www.naturschutz-sylt.de, April–Okt. Mo–Sa 10–18 Uhr

**Weißes Kliff mit Braderuper Heide**
| Naturschutzgebiet |

 *Die wellige Landschaft am Watt ist naturnah*

Vom Parkplatz am Ende der Straße Üp de Hiir geht es zu Fuß oder mit dem Fahrrad weiter, zunächst vorbei an den Resten einer alten Ringfeste. Der Küstenweg führt rechts entlang des Weißen Kliffs Richtung Munkmarsch und links zur Heide nach Norden. Das »Witklef« besteht aus einer rund 15 m hohen Steilküste aus hellem Kaolinsand. Er ist teils bröckelig, teils lehmig. Diese rund 80 m mächtige Schicht war einst das Delta eines skandinavischen Flusssystems, das hier vor rund zwei Millionen Jahren mündete. Die Heidelandschaft zieht sich auf 137 ha von Braderup bis Kampen. Die sanft gewellte, rosa gepunktete Fläche aus Besen- und Kriechheide ist durchsetzt mit Geflecktem Knabenkraut, Arnika und Sonnentau. Sogar der seltene blaue Lungenenzian ist zu finden.

■ Üp de Hiir

###  Verkehrsmittel

**Linie 3** und **3a** verkehren von Westerland bis Wenningstedt (S. 94).

###  Parken

Am Grillplatz/Üp de Hiir (Richtung Weißes Kliff) und am Naturzentrum.

###  Einkaufen

**Erdbeerparadies Braderup** In der Saison gibt es Erdbeeren oder auch Ka-

## Braderup

mille zum Selbstpflücken. Bio-Gemüse, Honig sowie weitere gesunde Lebensmittel aus eigener Erzeugung werden ganzjährig im Hofladen (Di, Fr 10–17 Uhr) und auf dem Markt in Westerland (S. 70) verkauft. ■ Terpwai 17, Tel. 046 51/443 69, www.erdbeerparadies-sylt.de

**Manufaktur Sylt** In einer alten Scheune werden aus natürlich gegerbtem Leder Hosen, Jacken, Schuhe, Gürtel und Taschen hergestellt, maßangefertigt und verkauft. ■ M.-T.-Buchholz-Stich 9, Tel. 046 51/431 35, www.manufaktur-sylt.de, Mitte März–Okt. sowie um Weihnachten Mo–Fr 10–13, 14–18 Uhr

 **Kinder**

**Holz- und Schmiedeworkshops** Kinder lernen hier Sägen und Feilen und stellen eigene Skulpturen oder Schnitzereien her. Auch Schmieden oder Wippdrechseln wird gelehrt. ■ Biolandhof Braderup, Matthias Poppek, M.-T.-Buchholz-Stich 6, Tel. 01 72/404 69 67, www.workshop-sylt.de, Mo, Do 10–13 (Schmieden), 14–18 Uhr (Holzworkshop)

 **Erlebnisse**

**Naturzentrum Braderup** Fahrradtouren, Natur- und Kräutergartenführungen, Heidewanderungen und geologische Führungen am Morsum-Kliff sowie geführte Wanderungen durch die Heide und bis zur Uwe-Düne werden angeboten. ■ M.-T.-Buchholz-Stich 10 a, Tel. 046 51/444 21, Termine unter www.naturschutz-sylt.de

 **Sport**

**Feldenkrais und Reiten** Übungen für das körperliche Gleichgewicht, Entspannung, Lösung von Blockaden stehen auf dem Programm. ■ Terpwai 17, Tel. 046 51/443 69, www.sylt-feldenkrais.de

*Malerisch wie die Landschaft: das Friesenhaus aus rotem Klinker*

# 6 Kampen

*Schick, voller Prominenter und ein romantisches Kliff*

*Der Kleine Leuchtturm Kampen am Roten Kliff war von 1913 bis 1974 in Betrieb*

 **Information**

■ Tourismus-Service Kampen, Kaamp-Hüs, Hauptstr. 12, 25999 Kampen, Tel. 046 51/469 80, www.kampen.de
■ Parken siehe S. 106

Ende des 18. Jh. entdeckten Maler das auf der 27 m hohen Geest gelegene Dorf für sich. Hier fanden sie auf engem Raum, was Sylt an landschaftlichen Schönheiten zu bieten hat: saftige Marschwiesen und blühende Heide, beeindruckende Hünengräber, Dünen, Wattenmeer, den breiten Sandstrand – und natürlich die grandiose Abbruchkante des Roten Kliffs. Die ersten Badegäste wurden im Jahr 1856 begrüßt, 1894 errichtete Hermann Gustav Haberhauffe das Kurhaus-Hotel. Ein weithin bekannter Treffpunkt von Künstlern und Intellektuellen war später das Haus Uhlenkamp, das sich der Berliner Verleger, Schriftsteller und Sylt-Liebhaber Ferdinand Avenarius 1903 in Kampen bauen ließ. Ende der 1920er-Jahre entwickelte sich Kampen zum Lieblingsferiendorf der deutschen High Society. 1971 wurde es Nordseebad. Heute ist es wegen seiner exklusiven Läden, legendären Bars und hübschen Reetdachlandschaft bundesweit bekannt. Ein Statut von 1913 schreibt den Friesenstil vor: mit rotem Backstein,

# Kampen

Plan S. 105

Reetdach, höchstens 8 m Höhe und mindestens 24 m Abstand zum Nachbarn. Viele dieser Häuser, die daher oft mehrere Geschosse unter der Erde haben, gehören Prominenten.

##  Sehenswert

### 1 Kaamp-Hüs
| Ausstellung |

Das Haus des Kampener Tourismus-Service dient auch als Kultur- und Veranstaltungszentrum – etwa für Lesungen des Kampener Literatursommers. Im Foyer und auf der offenen Galerie sind Kunstausstellungen zu sehen.

 Hauptstr. 12, siehe Information links

### 2 Kampener Kunst- und Kulturpfad
| Skulpturenmeile |

 *Den Promis von einst ganz nahe sein*

An vielen Stellen erinnern die beschrifteten Bronzegussplatten des Pfades, der sich quer durch Kampen zieht, an prominente Gäste. Ob Max Frisch, Thomas Mann oder Axel Springer – ihre Wohnstätten sind von außen zu sehen. Kleine Geschichten werden erzählt, und jeder kann sich schnell ein Bild von der damaligen Zeit machen. Bei der Touristeninformation im Kaamp-Hüs gibt es ein Begleitbuch mit Karte sowie Führungen. So wird der kulturelle Spaziergang zu einer perfekten Zeitreise.

■ www.kampen.de/entdecken/kunst-kultur/kunst-kulturpfad.html

### 3 Kupferkanne
| Aussichtspunkt |

Was aus einem Bunker alles werden kann: Unter den 2000 Flüchtlingen, die nach 1945 in Kampen untergebracht wurden, befand sich auch der Kapitän und Bildhauer Günter Rieck (1910–1983). Er wurde in einem der Bunker an der Wattküste einquartiert. Dort war Platz für ein Atelier, in dem sich bald Freunde und Künstlerkollegen zu feucht-fröhlichen Vernissagen trafen. 1950 eröffnete er das Lokal Kupferkanne (S. 107) mit Partykeller und Gartenrestauration. Die Gäste ließen nicht lange auf sich warten. Heute ist das Haus wegen seiner verzweigten Gänge und lauschigen Sitzecken einen Besuch wert.

■ Stapelhooger Wai 7, Tel. 046 51/410 10, www.kupferkanne-sylt.de

## 6 Kampen

## Im Blickpunkt

### Promis heute eher zurückhaltend

Vor allem Kampen avancierte in den 1960er-Jahren zum sommerlichen Treffpunkt der High Society. Der Industrielle Gunter Sachs und seine Frau Brigitte Bardot bringen mit ihren Partys den Ort und die legendäre »Buhne 16« in den Dünen immer wieder in die Schlagzeilen. Die Bars am Strönwai sind bis heute legendär. Doch schon 1930 war der Ort populär: Wie viele seiner Künstlerkollegen wohnt Emil Nolde (1867–1956) mehrere Monate im Haus Kliffende in Kampen. Dort malt er Landschaften und »leidenschaftliche Meerbilder«. Auch Schauspieler wie Hans Albers oder Marlene Dietrich verbringen ihren Sommerurlaub auf Sylt und begründen seinen Ruf als Promi-Insel. Heute ist bekannt, dass etwa Sänger Reinhard Mey oder Moderator Günther Jauch zeitweilig in ihren Häusern im nördlichen Teil Sylts wohnen. Doch der Promi von heute ist eher zurückhaltend. Kaum jemand nahm je Otto Waalkes wahr, der seit Jahrzehnten die Insel besucht.

### 4 Hobokenhaus
| Architektur |

Ursprünglich hatte es der niederländische Musikwissenschaftler Anthony van Hoboken (1887–1983) im Jahr 1933 für seine Frau Annemarie Seidel bauen lassen. Nach der Scheidung von ihrem Mann brachte »Mirl« das Haus 1935 in ihre neue Ehe mit Peter Suhrkamp (1891–1959) ein. Der Verleger selbst wohnte nur selten hier, stellte es aber seinen Autoren als Refugium für kreatives Arbeiten zur Verfügung. Max Frisch, Ernst Penzoldt und Carl Zuckmayer kamen. Nach dem Zweiten Weltkrieg verkaufte Suhrkamp das Anwesen an den Verleger Axel Springer (1912–1985), heute befindet es sich weiterhin in Privatbesitz.

■ Hobokenweg 18

### 5 Klenderhof
| Architektur |

Das reetgedeckte Gebäude mit dem markanten Rundturm in der Mitte wird auch Springer-Burg genannt, da es lange Zeit dem Verleger Axel Springer gehörte. Das Haus liegt ebenfalls auf dem Kunst- und Kulturpfad. Der Cellist Max Baldner hatte es 1933 errichten lassen. Das nach einem Brand 1973 originalgetreu wiederaufgebaute Anwesen gehört heute einem Unternehmen.

■ Grönning 1

### 6 Hünengräber
| Archäologische Stätte |

Westlich der Hauptstraße liegen die 3000 Jahre alten Hünengräber von Kampen im nördlichen Teil des Naturschutzgebiets Dünenlandschaft auf dem Roten Kliff. Die sechs grasbewachsenen Grabhügel befinden sich beidseits der schmalen Zufahrt zum Haus

*Atemberaubende Ausblicke: die Dünen beim Roten Kliff*

Kliffende, dessen Reetdächer sich über dem Roten Kliff erheben.
■ Hauptstraße

###  Rotes Kliff
| Naturschutzgebiet |

 *Das Licht der Abendsonne legt ein imposantes Rot auf*

Diese 4 km lange, bis zu 30 m hohe, in vielen Abschnitten spektakuläre Abbruchkante verläuft zwischen Wenningstedt und Kampen. Der Name bezieht sich auf das Gestein des Kliffs, es besteht aus eisenhaltigem Geschiebelehm, der sich an der Luft rötlich verfärbt. Besonders eindrucksvoll ist dies bei einem farbintensiven Sonnenuntergang zu sehen. Es leuchtet dann magisch tiefrot. Zusammen mit dem Silbergrün der Dünenvegetation, dem hellen Sand und dem schwärzlich schimmernden Meer mit seinen weiß aufblitzenden Schaumkronen ergibt sich dann ein Landschaftsbild, das nicht nur Romantiker begeistert.
■ Riperstieg

### *Gefällt Ihnen das?*

Dann besuchen Sie doch auch die beiden anderen Kliffe der Insel: das **Weiße Kliff** (S. 98) in der Braderuper Heide und das **Morsum-Kliff** (S. 136). Alle zeigen Erdgeschichte in Farbe und zum Anfassen. Die **Lange Anna** (S. 166) auf Helgoland passt auch dazu.

###  Quermarkenfeuer
| Landmarke |

Der achteckige Leuchtturm von 1912 gilt als Wahrzeichen von Kampen. Seit 1975 ist er außer Betrieb und kann leider nicht besichtigt werden.
■ Riperstieg

### Haus Kliffende
| Architektur |

Der Architekt Walther Baedeker hatte es 1923 im Auftrag des Berliner Verlegers Heinrich Tiedemann entworfen. 1925 schenkte er dieses seiner Frau, der Schauspielerin Clara Tiedemann (1891

## *Im Blickpunkt*

### FKK begann als Lichtbaden

Die Freikörperkultur entstand unter dem Einfluss der Wandervogel- und Jugendbewegung schon um 1900. Vier Jahre zuvor war der Verleger und Autor Ferdinand Avenarius (1856–1923), ein Neffe Richard Wagners, zum ersten Mal nach Sylt gekommen. Der engagierte Naturschützer ließ sich in Kampen das Haus Uhlenkamp bauen, das bald zum Treffpunkt berühmter Maler und Schriftsteller wurde. Auf dem Dach stand seit 1903 eine Badewanne – für das ungestörte »Lichtbaden«. 1919 gründete Knud Ahlborn das Freideutsche Jugendlager Klappholttal, in dem es zum täglichen Ritual gehörte, morgens ohne Bekleidung im Meer zu baden. Dazu erstritt Ahlborn eine polizeiliche Ausnahmegenehmigung: Es entstand 1927 Sylts erster legaler FKK-Strand. Auf Amrum war Nacktbaden übrigens schon zuvor beliebt und wird auch heute noch an vielen Stränden praktiziert. Im Sommer 1949 schrieb Max Frisch bei seinem Besuch in Kampen: »Man badet hier ohne alles, und das ist herrlich, man verwundert sich höchstens, wie selbstverständlch es ist.« Heute gibt es viele Strandabschnitte für Nacktbader. Die Strandsaunen laden dazu ein, wie etwa an Buhne 31 zwischen Wenningstedt und Kampen – Abessinien genannt.

bis 1979), die Kliffende nach dem Tod ihres Mannes bis 1955 als Gästehaus führte. Hier wurden Berühmtheiten aller Couleur beherbergt: Thomas Mann, Emil Nolde, der sich ein Atelier auf dem ehemaligen Heuboden einrichtete, Ernst Rowohlt, aber auch Hermann Göring. Später übernahm es die Deutsche Bank, seit einigen Jahren gehört es einer Schweizer Stiftung und ist öffentlich nicht zugänglich.

 Kliffende

### ❿ Plattform am Weststrand
| Aussichtspunkt |

Eine große Holzterrasse mit Sitzgelegenheiten führt vom Parkplatz an der Sturmhaube direkt aufs Rote Kliff. Der barrierefreie Blick aufs Meer zieht die Gäste magisch an.

 Riperstieg

### ⓫ Uwe-Düne
| Ausblick |

 *Im Umkreis von 40 km geht es nirgends höher hinauf*

Mit ihren 52,5 m ist sie die höchste Erhebung auf Sylt. Über die 102 Stufen der bequemen Holztreppe gehen jährlich etwa 100 000 Besucher zur Aussichtsplattform auf der Kuppe. Tafeln informieren über die Landschaftsformen sowie Flora und Fauna. 1830 machte sich der frisch gebackene Landvogt Uwe Jens Lornsen (S.131) mit zwei Freunden daran, die unwegsame Düne zu erklimmen, die fortan den Namen des Erstbesteigers trug.

 Fußweg von Kurhausstraße

### ⓬ Leuchtturm Kampen
| Landmarke |

Der 1855 unter dänischer Herrschaft erbaute, auffällig schwarz-weiß gestreifte Turm strahlt sein Licht 21 Seemeilen

(38,89 km) weit. Besichtigen kann man den mit 40,3 m höchsten Leuchtturm Sylts leider nicht, ebenso wenig die schlichten, grasbewachsenen Erdhügel der nahen Hünengräber.

■ Brönshooger Weg 10

### ⓭ Whisky-Meile
| Flaniermeile |

Der Strönwai (Strandweg) führt von der Hauptstraße zum Dünen-Fuß- und Radweg. Er wird von Cafés, Bars, Luxusgeschäften, exklusiven Gästehäusern und Restaurants mit klingenden Namen gesäumt. In der 1951 von Inge Gogart gegründeten Bar Gogärtchen etwa gehen seit Langem die Reichen und Schönen ein und aus, und auch im Pony sah man schon so manchen prominenten Wahlkamper. Wer mag, stellt sich auf einen der Selfie-Punkte auf dem Pflaster und hält den Moment fest, in dem er zu dieser illustren Runde dazugehört.

■ Strönwai

### ⓮ Kampener Vogelkoje
| Freiluftmuseum |

Rund 2 km nördlich von Kampen liegt das Wäldchen der Vogelkoje. Die Entenfanganlage wurde 1767 bis 1769 als erste Sylter Vogelkoje um einen Teich angelegt, an dem sich im Herbst zahlreiche Enten auf ihrem Zug nach Süden niederließen und gefangen wurden. Die geräucherten Wildenten waren gefragte Produkte und wurden bis nach Russland verkauft. Im Gringelmann- und im Räucherhaus sind Ausstellungen zur Geschichte der

# Kampen

*Die höchste Erhebung: der von Gras bewachsene Sandberg der Uwe-Düne*

Vogelkojen und zur Ornithologie Sylts eingerichtet. ■ Lister Str. 100, Tel. 04651/ 871077, www.soelring-foriining.de, Mai–Sept. Mo–Fr 10–17, Sa, So 11–17, Okt. Mo–Fr 10–16 Uhr

### Verkehrsmittel

Die **Linie 1** fährt zwischen Westerland und List.

### Parken

Parkplatz der Buhne 16, Lister Straße, sowie an der Sturmhaube, Riperstieg.

### Restaurants

€€ | **Kaamp Meren** Hier werden Klassiker vom späten Vormittag bis zum Absacker aufgetischt, etwa Roulade à la Dorfkrug oder die legendären Königsberger Klopse. Schöner Cafégarten. ■ Hauptstr. 12, Tel. 04651/43500, www.kaamp-meren.de, tgl. ab 12 Uhr, Plan S. 105 b2

€€ | **Manne Pahl** Das Szenelokal ist immer gut besucht, ob zum üppigen Wochenendfrühstück in der Guten Stube, ob zum gepflegten Speisen im Wintergarten, den moderne Gemälde zieren, oder zum Auftakt einer fröhlichen Nacht. ■ Zur Uwe Düne 2, Tel. 046 51/42510, www.manne-pahl.de, März–Okt. Mo–Fr ab 12, Sa, So ab 10 Uhr, Nov.–Feb. Do–Mo ab 12 Uhr, Plan S. 105 b2

€€€ | **Dorfkrug Kampen** Das Menü kann sich hier jeder selbst zusammenstellen: Fisch und Fleisch kommen vom Grill, Beilagen und Soßen werden frei dazu gewählt. ■ Braderuper Weg 3, Tel. 04651/44920 00, www.dorfkrug-kampen.com, tgl. ab 12 Uhr, Plan S. 105 b3

€€€ | **Gogärtchen** Prominententreff an der Whisky-Meile, neue junge Bewirtschaftung. Auch beliebt für einen Sundowner an der Außenbar. ■ Strönwai 12, Tel. 04651/41242, www.gogaertchen.com, tgl. ab 13 Uhr, Plan S. 105 b2

€€€ | **Il Ristorante** Nach zehn Jahren in Rantum tischt Antonio Kabbani wieder beste italienische Küche in Kampen auf. Erstklassig mediterran! ■ Süderweg 2, Tel. 046 51/29 96 62, www.il-ristorante.de, Mi-Mo ab 17 Uhr, Plan S. 105 b3

€€€ | **Vogelkoje** Versteckt neben der Vogelkoje (S.105) gelegenes Gartenrestaurant. Verfeinerte Regionalküche, legendäre Spezialität ist die gebratene Ente. Gut ist auch das opulente Frühstück, das bis nachmittags zur Verfügung steht. ■ Lister Str. 100, Tel. 046 51/ 952 50, www.vogelkoje.de, tgl. ab 10 Uhr

### Cafés

**Kupferkanne** Das legendäre Lokal mit Tischen im Garten (Blick aufs Wattenmeer!) bietet guten Kuchen und einfache Speisen. Auch innen ist es reizvoll zu sitzen. Hier eine Nische, da eine Bar. Das Haus gleicht einem Labyrinth mit immer neuen Formen und Farben. Die spannende Geschichte zeigt, was aus einem alten Bunker so werden kann. ■ Stapelhooger Wai 7, Tel. 046 51/ 410 10, www.kupferkanne-sylt.de, April-Okt. 10-18, Nov.-März Mo-Fr 12-17, Sa, So 11-17 Uhr, Plan S. 105 b3

**Kaamps7** Das Bistro am Roten Kliff besticht nach Umbau und Erweiterung mit traumhafter Lage am Strand sowie kleinen und großen Speisen. Die neuen Wirte setzen auf ungewöhnliche Kreationen an Speisen und Menüs. Das Lokal gilt schon jetzt als das neue Highlight der Insel. ■ Riperstieg/Weststrand, Tel. 046 51/88 60 78, www. kaamps7.de, tgl. ab 11 Uhr, Plan S. 105 b3

### Einkaufen

**Galerie Werkhallen Kampen** Zeitgenössisches aus Design, Musik, Literatur und Fashion wird hier vereint. So werden auch Fotografien der Musiker Bryan Adams oder Till Brönner gezeigt. ■ Braderuper Weg 2, www.werkhallen.net, Mo-Sa 11-18, So 11-17 Uhr, Plan S. 105 b3

**Galerie Herold** Gezeigt werden u.a. Werke des Hamburgischen Künstlerklubs, der Hamburgischen Sezession sowie der Brücke-Maler. ■ Haus Meeresruh, Braderuper Weg 4, Tel. 046 51/451 35, www.galerie-herold.de, Plan S. 105 b3

**Galerie Rudolf** Malerei und Grafik der klassischen Moderne: Kunst von Max Ackermann bis Heinrich Zille. ■ Hauptstr. 8, Tel. 046 51/835 77 73, Plan S. 105 b3

### Kneipen, Bars und Clubs

**Buhne 16** Nördlich vom Ort, 800 m zu Fuß vom Parkplatz entfernt, liegt die Strandbar versteckt am Ufer. Noch heute lebt sie vom einstigen Ruf als

*Lauschig inmitten der Heide: das Lokal Kupferkanne mit seinen Gartenseparees*

#  Kampen

»sündiges Fleckchen«, den ihr in den 1960/70er-Jahren das Partyvolk um Gunter Sachs und Brigitte Bardot einbrachte. Abends und v. a. in Vollmondnächten sind ausgelassene Feiern zu erwarten. ■ Listlandstr. 133b, Tel. 04651/4996, www.buhne16.de, Karwoche–Mitte Okt., Plan S. 105 b3

**Club Rotes Kliff** Angesagte Cocktailbar und Disco. Bei einem Caipirol oder einem spritzigen Red Cliff Cup stimmt man sich in plüschroter Umgebung ein auf Dance Classics und House Music. ■ Braderuper Weg 3, Tel. 04651/94 41 10, www.club-rotes-kliff.de, Juni, Sept. Do, Fr, Sa ab 23, Juli, Aug. tgl. ab 23, Okt.–März Fr, Sa ab 23 Uhr, Plan S. 105 b3

**Pony** Edeldisco an der Whisky-Meile. Der Abend beginnt an der Bar. Auf der Tanzfläche blinken wattstarke Scheinwerfer mit goldenen Markenuhren und Designer-Glitzer-Outfits um die Wette. ■ Strönwai 6, Tel. 04651/421 82, www.pony-kampen.com, Außenbar April–Okt. tgl. ab 19, Club Mai–Sept. tgl. ab 22 Uhr, Plan S. 105 b3

##  Kinder

**Kampino Kinderclub** Im Juli oder im August verwandelt sich der Strandabschnitt vor dem Kaamps7 für einen Tag in eine Welt für Piraten, Ritter und Prinzessinnen.
■ Riperstieg/Weststrand, www.kampen.de, Plan S. 105 b3

**Piratenwanderung durchs Watt** Nachdem die Schatzkarte gefunden ist, geht es vorbei an Miesmuschel, Strandkrabbe und Co., immer auf der Suche nach dem Piratenschatz.
■ www.naturschutz-sylt.de, Mai–Okt., Mi, ab Bushaltestelle Vogelkoje Kampen, Spendenempfehlung Erw. 6,50 €, erm. 4,50 €

## Events

**Ostersonntag** Um 14 Uhr trifft man sich zum Eierlaufen im Strönwai, später wird zum Osterfeuer an die Buhne 16 gepilgert.

**Kampener Literatur- und Kultursommer** Im Kaamp-Hüs sind bekannte Autoren und Musiker hautnah zu erleben.
■ Programm: www.kampen.de, Karten ab 21 € im Vorverkauf

**Mittsommer** wird am 21. Juni in Kampen am Strand gefeiert.

## ADAC *Mittendrin*

Der Shantychor eröffnet, andere Livebands folgen – wo sonst kommt man einheimischen prominenten Gästen der Insel so nah? Auf den Tischen zu tanzen ist nicht ausgeschlossen. Das **Sommerfest** wird eine lustige Party an einem Wochenende im August.

**White Dinner** Ein Picknick ganz in Weiß am Strand vor Kampen ist ein besonderes Erlebnis und dazu kostenlos. Zu dem Event im Juli bringt jeder seinen gefüllten Picknickkorb und Geschirr mit. ■ www.kampen.de

**Longboardfestival** Im September treffen sich Surfer vor der Buhne 16 zur Meisterschaft bei kräftiger Musik und steifer Brise. ■ www.kampen.de

**Kampener Weihnachtsmarkt** Am zweiten Adventswochenende im Kaamp-Hüs. ■ www.kampen.de

##  Erlebnisse

**Heidewanderung** von der Kampener Kupferkanne durch die Braderuper Heide. ■ www.naturschutz-sylt.de, Juli–Sept., Sa 14 Uhr

# 7 List

*Der quirlige Hafen und der einsame Ellenbogen – herrlich!*

## Information

 Kurverwaltung List, Landwehrdeich 1, 25992 List, Tel. 04651/95200, www.list.de
■ Parken siehe S. 106

Der Charakter des Ortes hat sich in den letzten Jahren grundlegend gewandelt. Seefliegerhorst, Marinesoldaten und Armeesiedlungen trugen fast bis 2007 zum Bild der Gemeinde bei, dann zog das Militär ab. Im bisher ungenutzten Offiziersheim südlich des Arosa-Resorts entsteht bis 2020 ein Medical-Wellnesszentrum der Lanserhof-Gruppe. Geplante Baukosten pro Zimmer: 1,5 Millionen Euro. Auf dem Gelände der ehemaligen Fahrbereitschaft der Marine entstand eine neue Ortsmitte mit Shoppingmeile, Design-Hotel, Lebensmittelmarkt und Restaurant – der »Lister Markt«. Der Hafen ist die eigentliche Keimzelle des Ortes und heute noch sehr quirlig. Eine erste Siedlung dieses Namens wurde bereits 1292 urkundlich erwähnt. Der 1946 zum Nordseebad erhobene Ort hat eine ruhige Küste zum Wattenmeer, die einzigen Wanderdünen Deutschlands sowie den naturnahen Ellenbogen.

*Stete Begleiter und stimmungsvolle Geräuschkulisse: Möwe auf einer Buhne am Hafen*

## 7 List

## *Im Blickpunkt*

### Der König der Krabben

Das Unternehmen mit dem roten Hummer verkauft täglich Tonnen von Matjes, Lachs und Scampis und ist mittlerweile deutschlandweit zum Inbegriff für Fischrestaurants geworden. »Wer nichts wagt, ist feige«, bekennt Jürgen Gosch, der im nordfriesischen Tönning aufwuchs und schon mit vier Jahren durch Krabbenpulen das Familieneinkommen aufbessern musste. 1972 eröffnete er die »nördlichste Fischbude Deutschlands« am Lister Hafen. Sie gibt es noch heute, hat sich aber mittlerweile zu einem stattlichen Restaurant ausgewachsen. Viele Gäste wollen genau hier am Ursprung des Imperiums speisen.

Gern erinnert sich der bodenständige Jürgen Gosch, wie er in den 1970er-Jahren an der berühmten Buhne 16 in Kampen den Aal-Verkauf ankurbelte: durchs Witzeerzählen. Beispiel: »Woran erkennt man, ob ein Aal männlich oder weiblich ist? Die weiblichen liegen auf dem Rücken, die männlichen erschöpft auf der Seite.« Weil er den Reichen und Schönen mit seinen flotten Sprüchen imponiert, kaufen die bei ihm ein und äußern natürlich Extrawünsche. Für Gosch, dessen Credo lautet »Pfeif auf biedere Werbung«, ist das ein gefundenes Fressen. Er liefert Krabben in Brötchen und packt Salatblättchen dazu. Für die, die Fisch nicht mögen, schmiert er Marmeladenbrötchen. Er wird zum Vorsänger bei den eigenen Matjesfesten, kauft eine weiße Stretchlimousine zum Bestaunen und gründet schon früh einen Onlineshop.

Zu seinem (architektonischen) Schmuckstück direkt am Kliff in Wenningstedt wird er oft beglückwünscht. Beste Lage, immer voll, und Paare sitzen verliebt draußen bei Fisch mit Sekt und blicken in den Sonnenuntergang. Gar nicht so bescheiden bekennt der Senior schließlich: »Wenn es nicht mehr Fisch-, sondern Goschbrötchen heißt, dann haben wir es geschafft.«

*Wissenschaft spannend vermittelt: Erlebniszentrum Naturgewalten in List*

 **Sehenswert**

## Hafen
| Flaniermeile |

Hier ist immer etwas los. Ausflugsschiffe, die zu den Seehundbänken fahren, private Yachten und ein Seenotrettungskreuzer dümpeln im Hafen. Die Autofähre zur dänischen Nachbarinsel Rømø verkehrt hier. Außerdem ankern rund zehnmal im Jahr verschiedene Kreuzfahrtschiffe im tiefen Fahrwasser nördlich vom Hafen. Die Passagiere werden dann mit kleinen Booten in den Hafen gebracht.

## Lister Markt
| Einkaufsmeile |

 *Stimmungsvoll, vielfältig und markant*

Flanieren, einkaufen, speisen, Kaffee trinken und sehen, wer noch so kommt. Das neue Einkaufszentrum auf dem einstigen Gelände der Marine zeigt Qualität. Wer hier durchgeht, findet sich in einer modernen Atmosphäre wieder. Eine bunte Vielfalt an Ständen und Geschäften erfreut das Auge des Flaneurs. Im neuen Design-Hotel Easy Living Sylt, das zu dem großen Gebäudekomplex dazugehört, können Gäste die Seele baumeln lassen.
■ Hafenstr. 2a, www.lister-markt.de, Mo-Sa 9.30-20 Uhr

## Erlebniszentrum Naturgewalten
| Museum |

 *Wissen über Klima und Meer lassen sich kaum besser vermitteln*

Es gibt einen Wellenkanal, der sich vom Besucher steuern lässt, und eine 20 × 4 m große, begehbare Karte von Sylt. Die Abteilung Klima, Wetter, Klimaforschung verdeutlicht, was angesichts der Klimaerwärmung in den kommenden Jahrzehnten auf die Menschheit zukommt. Speziell für Jugendliche präsentieren Filme, Wissensshows und Quizterminals die naturwissenschaftlichen Erkenntnisse spielerisch und informativ. Vorschulkinder können sich altersgerechte

## 7 List

Erklärungen anhören und sich draußen auf dem Abenteuerspielplatz austoben. Die Dachterrasse bietet beste Blicke; es fasziniert die Liveschaltung zu den Vögeln der vorgelagerten Insel Uthörn oder zu Kegelrobben.
■ Hafenstr. 37, Tel. 046 51/83 61 90, www.naturgewalten-sylt.de, tgl. 10–18 Uhr

 **Verkehrsmittel**

Die **Linie 1** verkehrt zwischen Westerland und List.

 **Parken**

220 freie Parkplätze am Lister Markt sowie am Erlebniszentrum Naturgewalten.

 **Restaurants**

€€ | **Easy im Lister Markt** Sushi oder Steak, über offenem Feuer gegrillte Hähnchen oder Pizza schmecken in lässig-lockerer Atmosphäre. Für Kinder ist Platz zum Spielen, alles easy eben. ■ Hafenstr. 2 a, Tel. 046 51/886 76 60, restaurant.easysylt.de, tgl. 12-22 Uhr

€ | **Gosch** Jürgen Gosch betreibt am Hafen neben der Fischbude drei Fischrestaurants. Das Hafendeck bietet eine schöne Aussicht und lockere Stimmung, der Knurrhahn friesische Küche und eine große Bar, die Alte Bootshalle als Spezialität Rösti mit Meeresfrüchten und eine große Weinauswahl. ■ Am Hafen, www.gosch.de

€€ | **Austernstube** Probierstube im Gebäude von Dittmeyer's Austern Compagnie. Hier kommen die Austern erntefrisch auf den Teller, außerdem gibt es Lammschinken oder Blaubeerpfannkuchen. Im Haus stehen Zuchtbecken, in die die Austern für den Winter eingelagert werden. ■ Hafenstr. 10–12, Tel. 046 51/87 08 60, www.sylter-royal.de

€€ | **L. A. Sylt** Die »Lister Austernperle« bietet Blick aufs Watt, versüßt mit Kuchen oder deftigen Speisen. ■ Mannemorsumtal 33c, Tel. 046 51/299 93 96

 €€ | **Wonnemeyer** Die ehemalige Weststrandhalle in den Dünen strahlt in frischen Farben. Ob Meeresfrüchteplatte oder kanarische Kartoffeln, rund 60 Prozent der Zutaten stammen »feinheimisch« aus Schleswig-Holstein, oft sogar in Bio-Qualität. ■ Ellenbogen 3, Tel. 046 51/87 02 66, www.wonnemeyer.de, Mi-Mo ab 12 Uhr

€€€ | **Alter Gasthof** Der Name verweist auf die lange Tradition des gemütlichen Friesenhauses, das 1804 erstmals erwähnt wurde. Mit neuem Betreiber und neuem Konzept wurde das Haus 2018 umfangreich umgebaut und kulinarisch erweitert. ■ Alte Dorfstr. 5, Tel. 046 51/87 72 44, www.alter-gasthof.com, Di-So 17-22 Uhr

€€€ | **Spices by Tim Raue** Der Spitzenkoch Tim Raue serviert im A-ROSA-Hotel asiatische Gerichte mit japanischen, chinesischen und thailändischen Einflüssen. Intensive Geschmackserlebnisse sind garantiert. ■ Listlandstr. 11, Tel. 046 51/96 75 08 27, www.spices-sylt.de

 **Cafés**

**Sylter Eismanufaktur** Dank der Sylter Milch der Kühe von Bauer Nielsen aus Morsum schmeckt das Eis grandios und je nach Jahreszeit unterschiedlich. Ungewöhnliche Kreationen sind unbedingt einen Versuch wert. Kinder bis 1,30 m Körpergröße zahlen für eine Kugel Eis weniger. ■ Dünenstr. 3,

## *Im Blickpunkt*

### Wie die Auster zur Sylter Marke wurde

Die einzige Austernzucht in Deutschland befindet sich seit 1986 in der Blidselbucht bei List. Dort liegen die kleinen Austern, die als Setzlinge mit 15 bis 30 g aus der Zucht in Irland kommen, in grobmaschigen Säcken. Die sind auf Metalltischen im Wattenmeer festgezurrt. Alle paar Wochen werden die Säcke mal durchgeschüttelt, damit sich nicht Seetang und Algen festsetzen. Sie behindern das Atmen der Austern, und die sollen schließlich kräftig wachsen. In dem Nordseewasser, das hier Trinkwasserqualität A hat, sind genug Mineralien. Rund 20 l pro Stunde filtert eine Auster. Nach drei bis vier Jahren ist sie groß genug zum Verzehr. Dittmeyer's Austern Compagnie in List betreibt die Zucht, verkauft die Austern sowohl im Laden in der Hafenstraße als auch online.

Inzwischen sind Austern zum Markenzeichen der Insel geworden. Schon der dänische König Friedrich II. erklärte 1587 den bis dahin freien Austernfang vor Sylt zum königlichen Pachtmonopol. Über Jahrhunderte verdienten die Sylter ihr Geld mit der Zucht. 1910 zog die Staatliche Preußische Austernanlage von Husum nach List um. Austern blieben ein erfolgreiches Geschäft für den Ort, zu erfolgreich, denn nach jahrelanger Ausbeutung der Bänke, starker Dezimierung durch Seesterne und Pantoffelschnecken sowie nach einigen strengen Wintern war die Sylter Auster um 1925 ausgestorben. Von 1974 bis 1984 züchtete die Bundesforschungsanstalt für Fischerei wieder Austern, allerdings diesmal nicht mehr die Europäische, sondern die robustere und größere Pazifische Felsenauster. Naturschützer waren zunächst skeptisch, so einen Exoten in die Nordsee zu lassen. Sie sahen die Miesmuschel bedroht. Biologen des Alfred-Wegener-Instituts auf Sylt wiesen nach: Die heimischen Miesmuscheln siedeln sich sogar unter den viel größeren Austern an und schützen sich so besser vor Fressfeinden.

# 7 List

Tel. 04651/8356810, www.sylter-eismanufaktur.de, tgl. 11–19 Uhr

**Voigts Alte Backstube** Das traditionsreiche Lokal bietet feine Regionalküche, ist aber bekannt als Pfannkuchenparadies mit rund 60 Variationen. Im Sommer begleitet Livemusik auf der Terrasse das Mahl. ■ Süderhörn 2, Tel. 04651/870512, www.altebackstube.de

### Einkaufen

**Fischerhaus Tümmler** Sylts letzter Krabbenfischer fährt nur noch hobbymäßig zum Fischen und gibt den frischen Granat gegen eine Spende ab. Ein Schild »Krabben abzugeben« vor seinem Haus weist auf einen erfolgreichen Fang hin. Paul vermietet auch zwei Ferienwohnungen. ■ Alte Bahnhofstr. 12, Tel. 04651/877168, www.fischerhaus-tuemmler.de, weitere Infos: www.fischvomkutter.de

**Voelmy** Ausgewählte Möbel aus der ganzen Welt für drinnen und draußen, dazu ungewöhnliche Accessoires.
■ Listlandstr. 14, Tel. 046 51/46 09 60 www.voelmys.de

### Kneipen, Bars und Clubs

**Life-Style Bar im A-ROSA** Den Abend entspannt am Kamin ausklingen lassen ist Urlaub pur. ■ Listlandstr. 11, Tel. 04651/967500, www.a-rosa.de

### Kinder

**Piratenpatent** Die »Gret Palucca« ist ein zum Piratensegler umgebauter Fischkutter. Kinder lernen Schiffeentern, Schatzsuchen und bekommen das Piratenpatent. ■ Ostern–Okt., Reederei Adler-Schiffe, Tel. 04651/9870888 oder am Info-Pavillon im Hafen

### Events

**Biikebrennen** am 21. Februar (siehe Im Blickpunkt S. 128)

### Erlebnisse

**Führungen** durch das Alfred-Wegener-Institut für Polar- und Meeresforschung, in dem Grundlagenforschung zur Küstenökologie betrieben wird. ■ Hafenstr. 43, Tel. 04651/9560, www.awi.de, Mai–Okt. Fr 10–11.30 Uhr, zu buchen über das Erlebniszentrum Naturgewalten: www.naturgewalten-sylt.de

**Sylt – der Film zum Küstenschutz** Aktuelle Projekte, die Ursachen von Stürmen und ihre Auswirkungen werden eindrucksvoll gezeigt. ■ 25 Min., DVD im Erlebniszentrum (S. 111) oder unter info@naturgewalten-sylt.de

**Whalewatcher-Trail** Auf zwölf Tafeln lässt sich viel über die Schweinswale und andere Tiere an der Westküste erfahren. Am besten ist die Strecke (unterteilt in Nord und Süd) mit dem Rad abzufahren. In List gibt es Stationen am Weststrandübergang direkt

## ADAC *Mittendrin*

**Beach-Clean-Up** Sylter und Urlauber befreien den Ellenbogen vom Plastikmüll, der von den Winterstürmen angespült wurde. Müllsäcke, Greifzangen und Handschuhe werden gestellt, für die Suppe danach sind Teller und Löffel mitzubringen. Das gute Gewissen ist die zusätzliche Belohnung. *Am dritten Samstag im Januar, 10 Uhr am Parkplatz der Kitesurfer (Übergang 10 ins Naturschutzgebiet).*

an der Treppe sowie auf dem Ellenbogenberg – mit bestem Panoramablick. Weitere Stationen sind in Kampen (Plattform Rotes Kliff), Wenningstedt (Berthin-Bleeg-Str. und Seestr.) sowie an der Nordseeklinik in Westerland. Stationen der Südtour sind in Hörnum an der Plattform Hauptstrand sowie am Ende des Odde-Wais, in Rantum am Restaurant Strandmuschel und der Sansibar sowie in Westerland (Plattform Himmelsleiter und Strandübergang Robbenweg), siehe auch S.115.
■ www.sylt.de

 **Sport**

**Surfen** Wenige Meter nördlich des Hafens erstreckt sich der schmale Lister Surfstrand. Er liegt an der Wattseite, aber das Wasser ist tief genug, um die Sportler auch bei Ebbe nicht auf dem Trockenen sitzen zu lassen. ■ Kiteschule Sylt, Am Ellenbogen, Tel. 0172/4721748, www.kiteschule-sylt.de
**Surfschule am Hotel Strand** am Königshafen: Surfen, Kitesurfen, Stehpaddeln und Cat-Segeln. ■ Hafenstr. 41, Tel. 0175/2055494, www.wassersport-sylt.de
**Yoga Neesha** ■ Am Königshafen 10, Tel. 0177/8710090, www.yoganeesha.de, Mi und Fr

 **Entspannung**

**Strandsauna** Im Naturschutzgebiet Nord-Sylt kann man sich nach dem Besuch dreier finnischer Blocksaunen im Meer abkühlen oder im Strandkorb ausspannen. ■ List, Weststrandstr. 333A, Tel. 04651/877174, www.strandsauna-list-auf-sylt.de, April–Ende Okt. 11–17, ab Christi Himmelfahrt bis 18 Uhr, Tageskarte 20 €, die letzten 2 Std. 14 €

## Im Blickpunkt

### Schweinswale mit Glück zu sehen

Seit 1999 liegt das erste Walschutzgebiet Europas westlich von Sylt und erstreckt sich bis nach Amrum. Damit soll die Population der kleinsten Walart, der Schweinswale, geschützt werden. Sie werden bis zu 1,85 m lang, wiegen 50–60 kg und werden oft mit Delfinen verwechselt. Als Meeressäuger müssen sie etwa alle sechs Minuten zum Luftholen auftauchen. Meist schwimmen sie dicht unter der Wasseroberfläche und werden dabei nicht schneller als rund 7 km/h. Westlich von Sylt ziehen sie ihre Jungen auf. Zu schaffen machen ihnen die Netze der Fischer, die Unterwassergeräusche oder auch Jet-Ski-Fahrer. Auf dem Whalewatcher-Trail entlang der Westküste informieren zwölf interaktive Tafeln. Mit etwas Glück und einem Fernglas sind die Wale zu sichten. Bei ruhiger See halten sich die Schweinswale mit ihren Jungtieren gern in Strandnähe auf und lassen sogar Schwimmer bis auf einige Meter heran. Vereinzelt deuten Gäste die aufragende Rückenflosse dann allerdings falsch: »Haie, ich habe Haie gesehen!« Aktuelle Walsichtungen sind im Erlebniszentrum Naturgewalten vermerkt.
Sollten Sie lebende oder tote Wale sichten, bittet die Schutzstation Wattenmeer um Benachrichtigung unter der Tel. 04651/881093.

# List

*Auch als Souvenir und Fotomotiv sehr beliebt: der gusseiserne Leuchtturm List-Ost*

## 🚗 In der Umgebung

### Ellenbogen
| Naturschutzgebiet |

 *Im nördlichsten Teil Deutschlands haben Schafe Vorfahrt*

Seit Jahrhunderten bauen Strömung und Wind an dieser Halbinsel aus grobem Kies den losen Sand ab. So wuchs der Ellenbogen seit dem 16. Jh. immer weiter nach Osten. Hier sind grasende Schafe (die haben Vorfahrt) und schnatternde Ringelgänse anzutreffen. Im Wellenprofil der Dünen hebt sich der 11 m hohe rot-weiß-rote Leuchtturm List-West ab. Er nahm 1858 seinen Betrieb auf und war bis 1977 bemannt. Beim Parkplatz hinter dem Leuchtturm führt ein Pfad durch die Dünen zum Strand, der hier etwa 100 m breit ist. Einen guten Kilometer weiter östlich hat sich der feine Sandstrand auf rund 250 m Breite ausgedehnt. Auf der südlichen Seite der Straße liegt der Ferienhof Üthörn (siehe Übernachten rechts). Taucht dann links der rot-weiße Leuchtturm List-Ost auf, ist es nicht mehr weit bis zum Parkplatz. Dort startet eine Umrundung der Ellenbogenspitze, von der man die dänische Nachbarinsel Rømø sehen kann.

## ADAC *Mobil*

Die rund 4 km lange **Teerstraße des Ellenbogen** ist für Autos gebührenpflichtig. Sie gehört der Erbengemeinschaft Listland, die ihre Instandhaltung bezahlt. Wer mit dem Fahrrad fährt, kommt gratis durch den Kontrollposten.

### Wanderdünen
| Naturschutzgebiet |

Im Naturschutzgebiet Listland befinden sich die einzigen Wanderdünen Deutschlands. Die sind streng geschützt und nur bei geführten Touren vom Erlebniszentrum Naturgewalten aus zu erkunden. Der Wind treibt den Sand kräftig nach Osten. Pro Jahr verschieben sich ganze Dünen bis zu 10 m. So entstanden etwa der 37 m hohe Süterknoll oder der 34 m aufragende Jensmettenberg. Allerdings ist man gezwungen, diese Wanderdünen mithilfe von Bepflanzung in Schach zu halten, um den Ort List vor Sandverwehungen zu schützen. Das übrige Dünengebiet ist jedoch naturbelassen. ■ www.naturgewalten-sylt.de

# Übernachten

Neben vielen Ferienwohnungen gibt es auch einige fabelhafte, aber leider auch hochpreisige Hotels. Wer sich verwöhnen lassen möchte, wird besonders in List fündig. Außergewöhnlich ist die einzige Bleibe am Ellenbogen: direkt am Wasser, mit Blick auf den Hafen.

## Wenningstedt .................. 92

**€ | Ferienwohnung Üüs Serk Uuning** Stilvolle Apartments mit Südbalkon der Norddörfer Kirchengemeinde nahe am Dorfteich und der Friesenkapelle. ■ Kampener Weg 12d, Tel. 04651/836 29 64, www.kirchenwohnung-sylt.de

**€€ | Hotel Kiose** Das kleine, freundliche Hotel vermietet auch Ferienwohnungen. ■ Berthin-Bleeg-Str. 15, Tel. 046 51/984 70, www.hotel-kiose.de

**€€€ | Friesenhof** Zimmer und Ferienwohnungen im modernisierten Gehöft von 1750. Bibliothek, Sauna, Solarium und idyllischer Garten. ■ Hauptstr. 16, Tel. 046 51/94 10, www.sylt-friesenhof.de

**€€€ | Lindner Hotel Windrose** Geräumige Zimmer in strandnaher Lage, die oberen Stockwerke mit Meerblick. Solarium, Pool, Dampfbad und Beautybehandlungen. ■ Strandstr. 19, Tel. 046 51/94 00, www.lindner.de

**€€ | Strandhotel Sylt** 25 Zimmer und Apartments. Frühstücksbüfett, Garten sowie Bibliothek und Sauna werden viel gelobt. ■ Strandstr. 11, Tel. 046 51/989 80, www.strandhotel-sylt.com

## Braderup .................. 98

**€ | Regenbogenhaus** Außer Tiernähe bietet der Bio-Bauernhof Workshops für Kinder. ■ M.-T.-Buchholz-Stich 4, Tel. 046 51/44 68 72, www.regenbogenhaus.de

## Kampen .................. 100

**€€ | Ahnenhof** Traditionelles Backsteinhaus mit 14 charmanten Zimmern und Garten. ■ Kurhausstr. 8, Tel. 046 51/426 45, www.ahnenhof.de, Plan S. 105 a2

**€€ | Reethüüs** Die Zimmer sind in farbenfrohem dänischen Stil eingerichtet. ■ Hauptstr. 18, Tel. 046 51/985 50, www.reethues-sylt.de, Plan S. 105 b2

**€€€ | Rungholt** 110-Zimmer-Luxushotel mit Pool und Saunen in Strandnähe zwischen Naturschutzgebiet und Kliff. ■ Kurhausstr. 35, Tel. 046 51/44 80, www.hotel-rungholt.de, Plan S. 105 b2

## List .................. 69

**€€ | Design-Hotel Easy Living** Liegt im neuen Herzen von List. Panoramafenster. ■ Hafenstr. 2a, Tel. 046 51/936 50 50, www.hotel-easy-living.de

**€€ | Üthörn** Ferienwohnungen für Selbstversorger. Abends öffnet die Bierstube, morgens kommt der Brötchendienst. ■ Ellenbogen, Tel. 046 51/87 02 18, www.uethoern.de

**€€€ | Grand SPA Resort A-ROSA Sylt** Luxus für höchste Ansprüche direkt in den Dünen. ■ Listlandstr. 11, Tel. 046 51/96 75 00, www.a-rosa-resorts.de

**€€€ | Hotel Strand am Königshafen** Stilvolle Ausstattung und exklusiver Wellnessbereich. Die meisten Zimmer mit Meerblick. ■ Hafenstr. 41, Tel. 046 51/88 97 50, www.hotel-strand-sylt.de

# Der Osten: Munkmarsch, Keitum, Tinnum, Morsum

*Ein kleiner Hafen am Watt, reetgedeckte Friesenhäuser und Kliffe machen die Landschaft beschaulich. Hier wird Tradition gelebt*

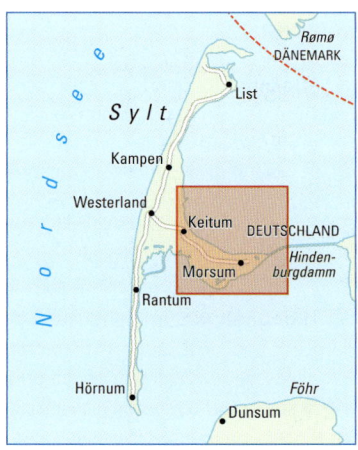

## In diesem Kapitel:

| 8 | Munkmarsch | 120 |
| 9 | Keitum  | 122 |
| 10 | Tinnum | 132 |
| 11 | Morsum | 135 |
| | Übernachten | 139 |

## ADAC Top Tipps

 **Dorf Keitum als Ensemble**
| Ortsbild |
Ein Reetdachdorf als »Puppenstube« und dazu die herausragende Kirche St. Severin als Wahrzeichen Sylts machen das »Grüne Herz der Insel« einzigartig. ............. 122

## ADAC Empfehlungen

 **Sylter Heimatmuseum, Keitum**
| Museum |
Anhand von Fundstücken, Volkskunst und historischen Persönlichkeiten wird Verständnis für das traditionelle Leben der Insulaner geweckt. .......... 125

 **Brot und Bier, Keitum**
| Restaurant |
Von der Sterneküche zurück zur Hausmannskost: Chefkoch Alexandro Pape versteht sich auch auf die einfachen Dinge des guten Geschmacks. ............................... 127

Schon von Weitem ist die Keitumer Kirche zu erkennen. Auf ihrem Friedhof fanden viele Persönlichkeiten ihre letzte Ruhe. Die reetgedeckten Friesenhäuser in Keitum sind der nächste Höhepunkt. Die Auswahl an Cafés und Restaurants kann sich sehen lassen, Kunsthandwerker erfreuen die Gäste mit ihren Produkten. Der Osten steht aber auch für Naturerleben und Ruhe. Hier hat man die Nähe zum Wattenmeer und kann am Grünen Kliff oder dem Morsum-Kliff entlangwandern. Morsum verkörpert Sylter Tradition wie das Biikebrennen. Tinnum, einst Sitz des dänischen Landvogts, ist ideal zum Einkaufen und bietet günstige Unterkünfte. Die Erdwälle der Tinnumburg lassen ahnen, wie hier früher die Wikinger gelebt haben mögen.

 **St. Martin, Morsum**
| Kirche |
Eine der ältesten Kirchen Sylts mit Glockenstapel statt Turm zeigt sich als Kleinod mit Friedhof. ...................... 135

 **Morsum-Kliff**
| Naturschutzgebiet |
Grandioser Spaziergang durch die Erdzeitalter und eine einzigartige Tier- und Pflanzenwelt. ......................... 136

 **Ringreiten, Morsum**
| Brauchtum |
Ein Reiter zielt im Galopp auf einen Ring – im Osten der Insel wird diese Tradition hochgehalten. ...................... 137

 **Landhaus Severin*s, Morsum**
| Hotel |
Das neue Haus am Kliff mit dem längsten Reetdach Europas bietet angenehmen Luxus und Abgeschiedenheit. ................................. 139

#  Munkmarsch

*Lebendigkeit rund um den kleinen Hafen und am Watt*

###  Information

- Siehe S. 122 Keitum

Munkmarsch, die Marsch der Mönche, erhielt seinen Namen von den Ordensleuten des St.-Knuts-Klosters von Odense in Dänemark. Doch betraten sie ihren Besitz vermutlich niemals. Munkmarsch ist erstmals im 16. Jh. auf Landkarten verzeichnet, Keitumer Bauern hatten damals hier einen Weiler gegründet. Der dazugehörige Fischerhafen gewann ab 1755 an Bedeutung, da hier die vom Festland kommenden Postboote anlegten. Zwar übernahm der Keitumer Hafen ab 1820 die führende Rolle, doch nachdem dieser Ende der 1860er-Jahre wegen Verschlickung endgültig geschlossen werden musste, wurde Munkmarsch wieder wichtig. Hier kamen auch die Badegäste, die im 19. Jh. Sylt als Urlaubsziel entdeckten, an – per Fähre vom heute dänischen Festland. Kapitän Andreas Andersen ließ 1859 die 100 m lange Legatsbrücke bauen, eine Mole, an der Passagiere bequem von Bord gehen konnten. Heute ist der kleine Ort mit seinen rund 100 Einwohnern für viele ein kurzer Zwischenstopp auf dem Weg von Kampen nach Keitum oder bei einer Wattwanderung. Das Weiße Kliff, das sich nördlich von Munkmarsch bis Braderup erstreckt, ist dabei oft ein Ziel. Surfer lieben die ruhige See der Munkmarschener Bucht.

###  Sehenswert

#### Fährhaus
| Landmarke |

Was aus einem eingeschossigen Holzbau von 1869 so werden kann: Das Fährhaus, ein weißer, luftig wirkender Bau im Stil der Bäderarchitektur mit überdachter Veranda, ist heute ein Fünf--

*Das weiße Fährhaus am Hafen ist Luxushotel und Feinschmeckertreff*

sternehotel und beherbergt ein Restaurant, das hohen Ansprüchen gerecht wird. Kapitän und Postschiffer Thomas Selmer ließ 1859 eine einfache Posthalterei als Unterkunft für Fährgäste errichten, die bald einem Backsteingebäude wich. Nach Westerland ging es in der Pferdekutsche weiter, bis 1888 die Inselbahn (siehe Im Blickpunkt, rechts) die Strecke bewältigte. Der Bau des Hindenburgdamms 1927 machte den Hafen überflüssig.
■ Bi Heef 1

 **Verkehrsmittel**

**Linie 3** fährt als Rundlinie von Westerland über Tinnum, Keitum, Munkmarsch, Braderup nach Wenningstedt und zurück sowie als **Linie 3a** die gleiche Strecke in umgekehrter Richtung mit teils anderen Stationen.

 **Parken**

Am Fährhaus und am Hafen.

 **Restaurants**

€€ | **Zur Mühle** Kleines Lokal im Ferienhaus Wattenmeerblick, das v. a. von der Terrasse aus einen schönen Blick auf das Meer bietet. Es gibt Kleinigkeiten, aber auch kreative Fisch- und Fleischgerichte sowie Pasta und kulinarische Abendmenüs. ■ Lochterbarig 24, Tel. 046 51/38 77, www.zur-muehle-sylt.de

€€€ | **Hotel und Restaurant Fährhaus** Ob »fine dining« im skandinavisch inspirierten Fischrestaurant Fiiwfutt oder in der gemütlichen Käpt'n Selmer Stube - beste Zutaten und hohe Kochkunst garantieren Geschmackserlebnisse. 39 Gästezimmer, 6 Suiten und ein großzügiger Spa komplettieren das gediegene Angebot. ■ Bi Heef 1, Tel. 046 51/939 70, www.faehrhaus-sylt.de

## *Im Blickpunkt*

### 82 Jahre fuhr die Inselbahn

1888 wurde die Inselbahn eröffnet. Die Züge fuhren von der Schiffsanlegestelle in Munkmarsch bis Westerland. Eine zweite Strecke verband ab 1901 Hörnum mit Westerland, eine dritte führte ab 1908 bis List. Ihr Name »Rasende Emma« war natürlich eine große Übertreibung. Das Gefährt – getrieben von einem Dieselmotor und mit der »Schnauze« eines Borgward-Sattelschleppers – zuckelte pfeifend durch die Landschaft. 1970 stellte die Bahn ihren Betrieb ein. Sie war mit 1,3 Millionen Fahrgästen im Jahr noch gut ausgelastet, aber das Schienennetz war stark lädiert, und immer mehr Urlauber nahmen ihr Auto mit auf die Insel. Ein letzter Sylter Schienenbus wird bei der Geilenkirchener Kreisbahn in Selfkant im Jülicher Land restauriert. Vielleicht ist er eines Tages wieder auf der Insel zu sehen. Noch heute haben die Züge großen Nostalgiewert. Wer auf dem Radweg von List bis Hörnum durch die Dünen fährt, sollte wissen: Hier verlief einst die Strecke der Inselbahn.

 **Sport**

**Syltsurfing** Segel- und Surfunterricht an der Wattenmeerseite der Insel, gerade für Anfänger geeignet. ■ Bi Heef 4 (hinter dem Hafen), Munkmarsch, Tel. 046 51/93 50 77, www.syltsurfing.de

## 9 Keitum
*Das grüne Herz lädt Genießer ein*

*Gans ungestört – ländliches Idyll in Keitum*

### ℹ Information

- Touristeninformation, Gurtstig 23, 25980 Keitum, Tel. 046 51/99 80, www.insel-sylt.de
- Parken siehe S. 127

 *Reetgedeckte Friesenhäuser und Dorfromantik wie vor 100 Jahren*

»Grünes Herz der Insel« wird das am Wattenmeer gelegene Keitum genannt. Das friesische Bilderbuchdorf mit den reetgedeckten Häusern, den schmalen Straßen, grasüberwachsenen Steinwällen, Kastanien und Linden zieht Urlauber in seinen Bann. Eine der ältesten Kirchen der Insel als bedeutender Anlaufpunkt, zwei Heimatmuseen sowie schmucke Kunsthandwerkerläden, Galerien und ausgesuchte Restaurants machen den Besuch zu einem Genuss. Die Gegend war bereits in prähistorischer Zeit besiedelt, wofür das Hünengrab Tipkenhoog östlich des Dorfes spricht. Viele der Friesenhäuser, die heute das Ortsbild prägen, entstanden im 17./18. Jh. als Altersruhesitze wohlhabender Kapitäne. 1860 war Keitum mit knapp 800 Einwohnern noch der größte Ort der Insel, doch mit der endgültigen Aufgabe des Hafens 1868/69 verlagerten sich Handel und Gewerbe ins aufblühende Westerland. Das ruhige Dorf am Wattenmeer wurde kaum noch beachtet, wurde aller-

# Keitum

Plan
S. 127

Bauanleitung dienten. Chorraum und Apsis im Stil der Romanik sind die ältesten heute noch erhaltenen Teile. Das Langhaus des einschiffigen Baus wurde samt Kalfaster (Vorhaus) Mitte des 15. Jh. errichtet, ebenso der 26 m hohe, massige Glockenturm (1450). Er setzt sich mit seinem roten Backsteinmauerwerk deutlich von dem weiß getünchten Hauptbau ab. Der romanische Taufstein von 1230 ist das älteste Ausstattungsstück der Kirche. Die Orgel mit 4000 Pfeifen und 46 Registern erfüllt mit ihrem Klang seit 1999 das Haus.

■ Munkmarscher Chaussee, Tel. 046 51/ 317 13, www.st-severin.de, tgl. 9–18 Uhr, Kirchenführungen Do 17 Uhr, im Winter 16 Uhr, Konzerte Feb.–Dez. Mi 20.15 Uhr

## *Gefällt Ihnen das?*

Dann sollten Sie die **St.-Martin-Kirche** (S. 135) in Morsum besuchen. Sie ist etwa zur selben Zeit entstanden und hübsch verziert. Wenn Sie das »Vaterunser« auf Söl'ring lesen wollen, müssen Sie die **Friesenkapelle** (S. 93) in Wenningstedt betreten. Dort steht das Gebet unterhalb des Deckengewölbes.

dings 1950 zum Luftkurort ernannt. Bald zogen die günstigen Mieten Kunsthandwerker an. Töpfer, Goldschmiede und Weber richteten ihre Werkstätten in den alten Friesenhäuschen entlang der Hauptstraße Gurtstig ein.

 **Sehenswert**

### ① **St. Severin**
| Kirche |

An der Stelle eines Vorgängerbaus aus dem 10. Jh. entstand die Kirche ab 1240. Bei Arbeiten am von Nagekäfern geschädigten Dachstuhl wurden 2016 rund 800 Jahre alte Runen an vielen Holzbalken entdeckt. Es sind offenbar Zeichen, die den Zimmerleuten als

### ② **Friedhof**
| Gedenkstätte |

Hier fanden zahlreiche prominente Gemeindemitglieder und Sylt-Liebhaber ihre letzte Ruhestätte. So steht im Osten bei der Friedhofsmauer auf einem schlichten grünlichen Findling ein Verlegername zu lesen: »Peter Suhrkamp

## 9 Keitum

*Die frühreifen Rebsorten Solaris und Rivaner werden in Keitum gepflanzt*

1891–1959«. In derselben Reihe weiter nördlich befindet sich das Grab des Publizisten Rudolf Augstein (1923–2002). Ferner ruhen auf dem Friedhof der Verleger und Naturschützer Ferdinand Avenarius (1856–1923), der Architekt Walther Baedeker (1880–1959) und die Schauspielerin Clara Tiedemann (1891–1979). Auch alteingesessene Sylter Familien besitzen Grabstätten. Einige sehr schön restaurierte Prachtexemplare alter Kapitänssteine sind am Nordwall aufgereiht. Ein etwa 2 m hoher Lebensbaum entstand 1999 bei den Ersten Keitumer Skulpturtagen. Die Ulmenholzskulptur des Liberianers Kojo Samuels zeigt aus Astwerk wachsende Menschenarme und Wurzelwerk ineinander verschlungen.

■ Munkmarscher Chaussee

### ❸ Weinberge
| Aussichtspunkt |

Südlich der Kirche liegen Deutschlands nördlichste Weinberge. Das Mikroklima mit vielen Sonnenstunden schafft gute Voraussetzungen für die frühreifen Sorten Solaris und Rivaner. Der ökologisch produzierte »Sölviin« wird von Hobbywinzern kultiviert, der »Söl'ring« vom Weingut Balthasar Ress. Daneben wird Sylter Hopfen für das Champagner-Bier der Insel angebaut. Von hier blickt man weit Richtung Westen bis Westerland.

■ Munkmarscher Chaussee

## ADAC *Wussten Sie schon?*

In Keitum, im **nördlichsten Weinbaugebiet** Deutschlands, wird die Solaris-Traube angebaut, aus welcher ein spritziger Weißwein, der »Sölviin«, gekeltert wird. Er ist im Weinfachhandel Heiliger in Tinnum (S. 134), in vielen Edeka-Märkten und unter www.sylterwein.com erhältlich. Im Restaurant Willms (S. 76) und im Kamp'ner Pesel (Alte Dorfstr. 2) auch im Ausschank. Ebenfalls in Keitum wächst der Sylter Hopfen. In Flensburg wird daraus mit Champagnerhefe **Champagner-Bier** mit einem Alkoholgehalt von 7,1 % gebraut. Es gibt die 0,75-l-Flasche sowie eine mit 12 l namens »Balthazar«.
*www.westindien-shop.com*

### ❹ Packhaus
| Architektur |

Keitum besaß ab 1820 einen großen Hafen, über den zahlreiche Waren Sylt erreichten. Sie wurden im 1829 eigens erbauten Packhaus gestapelt. Aber das dem Wattenmeer zugewandte Hafen-

becken verschlickte zusehends, sodass sich ab 1859 der Schiffsverkehr ins nördliche Munkmarsch verlagerte.
■ Kirchenweg 28

### 5 Altfriesisches Haus
| Museum |

Das lang gestreckte einstöckige Ziegelhaus mit Reetdach wurde 1739 von Kapitän und Walfänger Peter Uwen errichtet und 1784 erweitert. 1850 zog der Lehrer und Chronist Christian Peter Hansen (1803–1879) mit seiner Familie ein. Er stellte hier eine heimatkundliche Sammlung zusammen. Sein Erbe trat 1907 der zwei Jahre zuvor in Keitum gegründete Sylter Heimatpflegeverein Söl'ring Foriining an. Zu bewundern ist der Pesel, die »gute Stube« für feierliche Anlässe mit seinen Balken- und Deckenmalereien, sowie eine kostbare Kleidertruhe aus England. Die Wohnstube Kööv mit Beistellofen, Kacheln und einem Schrankbett ergänzen den Einblick in die Wohnkultur des 18. und 19. Jh.

■ Am Kliff 13, Tel. 046 51/311 01, www.soelring-foriining.de, April–Okt. Mo–Fr 10–17, Sa, So, Fei 11–17, Nov.–März Mi bis Sa 11–16 Uhr, Erw. 5 €, erm. 2 €

### ADAC *Spartipp*

Das **Kombiticket** (gilt für Altfriesisches Haus, Heimatmuseum, Vogelkoje Kampen und Denghoog) lohnt sich für Familien mit bis zu zwei Kindern bereits ab dem ersten Besuch.

### 6 Sylter Heimatmuseum
| Museum |

*Das tiefere Verständnis für Leben und Leute der Insel wecken*

Ein großer Garten umgibt das weiße reetgedeckte Haus, das Kapitän Uwe Peters 1759 am Rand des Grünen Kliffs erbauen ließ. Den Eingang markieren zwei Unterkieferknochen eines Finnwals, der im Februar 1995 vor Wenningstedt strandete. Innen sind vor- und frühgeschichtliche Fundstücke wie

*Die gute Stube: Das Altfriesische Haus in Keitum zeigt Wohnkultur des 18./19. Jh.*

## 9 Keitum

*Geheimnisvoller Zeuge der Vorgeschichte: Hünengrab Harhoog in Keitum*

Steinbeile und Bronzeringe ausgestellt, dazu Abgüsse von Keramikfunden aus dem Wenningstedter Denghoog. Vier Schauräume sind der Volkskunst, der Wohnkultur, den Sylter Trachten und der Seefahrt gewidmet. Sylter Persönlichkeiten, etwa der politische Vordenker Uwe Jens Lornsen oder die Dichter Erich Johannsen und Jens Emil Mungard, werden in kleinen Kabinetten vorgestellt. Im Obergeschoss beleuchtet der Kampener »Ziegenstall« der Tänzerin Valeska Gert das Sylter Nachtleben seit den 1950er-Jahren.
■ Am Kliff 19, Tel. 046 51/316 69, www.soelring-foriining.de, April–Okt. Mo–Fr 10–17, Sa, So, Fei 11–17, Nov.–März Mi–Sa 11–16 Uhr, Erw. 5 €, erm. 2 €

### 7 Feuerwehrmuseum
| Ausstellung |

Historische Löschfahrzeuge und Arbeitsgeräte, Uniformen sowie alte Fotografien erinnern an die Ursprünge.
■ C.-P.-Hansen-Allee 9, Tel. 046 51/33 70, April–Okt. 10.30–13 Uhr, Eintritt frei

### 8 Grünes Kliff
| Naturschutzgebiet |

Das bewachsene Steilufer zieht sich zwischen den Grabhügeln Tipkenhoog und Harhoog fast bis nach Munkmarsch – ein toller Spaziergang.
■ Hoyerstig/Am Tipkenhoog

### 9 Tipkenhoog
| Archäologische Stätte |

Im etwa 6 m hohen Grabhügel aus der Bronzezeit (1700–500 v. Chr.) ruht angeblich Tipken, dem sein Amt als Wächter der Sylter Riesen den Ehrennamen Heidumer Hahn eingetragen hat.
■ Am Tipkenhoog

### 10 Harhoog
| Archäologische Stätte |

Dieses neolithische Riesenbett ist etwa 4500 Jahre alt und stand ursprünglich auf einer bewaldeten Anhöhe zwischen Keitum und Tinnum, wurde aber beim Ausbau des Sylter Flughafens 1954 hierher versetzt.
■ Am Tipkenhoog

## Keitum

###  Verkehrsmittel

Die **Linie 4** verbindet Keitum mit Archsum und Morsum, Westerland und Tinnum. Die **Linie 3** fährt von Westerland über Tinnum, Keitum, Munkmarsch, Braderup nach Wenningstedt und zurück. Die **Linie 3a** bedient die Strecke in umgekehrter Richtung mit teils anderen Stationen.

###  Parken

Am Kreisel Gurtstig/Munkmarscher Chaussee, dann zu Fuß durch das Dorf. An der Kurverwaltung sowie an der Freilichtbühne, Am Tipkenhoog.

###  Restaurants

(15) €€ | **Brot und Bier** Ein Sternekoch versteht sich auch auf »kleine Dinge«. Alexandro Pape, ehemaliger Küchenchef im Restaurant Fährhaus in Munkmarsch, serviert die »gute alte Stulle« mit überraschenden, liebevoll dekorierten Kreationen. Auch Strammer Max oder Krabbenbrot in Gourmetqualität stehen auf der Karte. Dazu wird selbst gebrautes Bier serviert. Konzerte, Lesungen oder Poetry Slams sind unregelmäßig zu hören. ■ Gurtstig 1, Tel. 046 51/936 37 43, www.brot-und-bier.de, Di–Sa 12-20, Küche bis 18.30, Getränke bis 20 Uhr, Plan S. 127 b2

€€ | **Salon 1900** Hier treffen tatsächlich noch Touristen auf Einheimische. Süßes und Deftiges, Asiatisches und Friesisches sind gleichermaßen im Angebot. Hier kann der Gast auch noch zu vorgerückter Stunde fürstlich speisen und anschließend mit echten Syltern »schnacken«. Cocktails werden sogar bis um 2 Uhr in der

## 9 Keitum

## *Im Blickpunkt*

### Fröhliches Brauchtum mit Fackeln

Tjen di Biiki ön! – Zündet die Biike an! Das Biikebrennen, ein alter heidnischer Brauch, wird immer am 21. Februar am Vorabend des Petritags gefeiert. An neun Orten auf Sylt sind dann riesige Holz- und Reisighaufen aufgeschichtet, die entzündet werden. Mit Fackelzügen setzen sich Bewohner und Gäste (die Insel ist dann fast ausgebucht) in den Dörfern zum Biikeplatz in Bewegung. Dort gibt es heiße Getränke, Musik und feurige Reden über das abgelaufene Jahr. Anschließend geht es zum nächstliegenden Saal zum Grünkohlessen »mit allem«: Bratkartoffeln, Schweinebacke, Kassler und Kochwurst. Dazu einen Klaren sowie gemütlichen Schnack. Auch auf Föhr und Amrum sowie den Halligen und in weiten Teil des Festlands lodern die Feuer.

Das Frühlings- und Fastnachtsfeuer sollte schon damals die bösen Geister vertreiben und die neue Saat im Acker schützen. Auch wurden Seefahrer zum Walfang verabschiedet, die von nun an monatelang durch die nördlichen Meere kreuzten. Der Folgetag, der Petritag (Pidersdal), erinnert eigentlich an die Inthronisation des ersten Bischofs in Rom, doch ist der Gerichts- und Tanztag erst seit etwa 1895 an den 22. Februar gebunden. Heute ist der Petritag auf Sylt fest in Kinderhand. Es wird getanzt und Theater gespielt. Die Erwachsenen erfreuen sich abends an den Spölster, friesischen Laienspielgruppen, die Theaterstücke auf Söl'ring darbieten. Am Petritag spielt auch die Komödie »Di Gidtshals« von 1809. Es war das erste gedruckte Buch in nordfriesischer Sprache. Autor Jap Peter Hansen war Seefahrer, skizziert in dem erst 1875 uraufgeführten Theaterstück einen geizigen Keitumer Bauern und erhebt das Friesische mit diesem Werk erstmals zu einer vollwertigen Sprache, wozu er eine eigene Rechtschreibung erfand. Seit 2014 steht das Biikebrennen im Verzeichnis des Immateriellen Kulturerbes der Deutschen UNESCO-Kommission e. V.

Früh serviert. ■ Süderstr. 40, Tel. 046 51/ 93 60 00, www.salon1900.de, Di–So ab 12 Uhr bis open end, Plan S. 127 b3

€€€ | **Butcherei** Im 800 Grad heißen Grillofen werden pommersches Weiderind, australisches Wagyu oder japanisches Kobe-Rind außen kross und innen zart. Edle eigene Hausweine, auch zum Kauf außer Haus, gemütliches Ambiente innen wie außen. Ein Genuss zu gehobenem Preis, der sich lohnt. ■ C.-P.-Hansen-Allee 2, Tel. 046 51/ 886 43 00, www.buchereisylt.de, Di–So 12-22 Uhr, Plan S. 127 b2

€€€ | **Hoog im Severin\*s Resort & Spa** Das Restaurant (Küche von 12-22 Uhr) des Fünfsternehotels ist Bistro, Bar und Teestube zugleich und bietet traditionell Friesisches, aber auch Sashimi, Pasta und Flammkuchen zu akzeptablem Preis. Die Anlage hat übrigens mit 5000 m² das längste zusammenhängende Reetdach Europas. ■ Am Tipkenhoog 18, Tel. 046 51/46 06 65 36, www.severins-sylt.de, Plan S. 127 c3

 **Cafés**

**Kleine Teestube** Hier geht es friesisch-gemütlich zu, das mögen die Gäste genauso wie das Krabbenbrot oder die Pfannkuchen. ■ Westerhörn 2, Tel. 046 51/ 318 62, www.kleineteestube-sylt.de, Fr–Mi 10–18 Uhr, Plan S. 127 b2

**Nielsens Kaffeegarten** Auf der zum Watt gelegenen Terrasse des Cafés kann man nach der Renovierung des Hauses nun wieder mit Wattblick leckeren Kuchen und kleine Speisen essen. ■ Am Kliff 5, Tel. 046 51/316 85, www.cafe-nielsen.de, Mi–Mo 8–18 Uhr, Plan S. 127 b2

**Teekontor Keitum** Neben diversen Teesorten kann man hier auch Geschirr und Süßigkeiten erstehen. Der hausgemachte Kuchen schmeckt bestens im Winter am Kamin, im Sommer auf der Terrasse mit Blick über die Wiesen. Oft spannende Musikabende. ■ Siidik 15, Tel. 046 51/889 11 94, www.kontorhauskeitum.de, Mo–Sa 10–18, So 10–13 Uhr, Plan S. 127 a3

 **Einkaufen**

**Friesisches Käselädchen** Bio-Schafs-, Kuh- und Ziegenkäse, dazu Produkte von glücklichen Deichwiesentieren sowie selbst gemachte Marmeladen und Brote. ■ Siidik 6, Tel. 015 73/600 98 76, www.hofkloewenhoog.de, Plan S. 127 a3

**Glaskunst & Glasatelier Antje Otto** Die Meisterin lässt sich beim Herstellen von Ringen, Ketten und Armbändern sowie Gläsern und Kerzenleuchtern gern über die Schulter schauen. ■ Im Bahnhof, Tel. 046 51/329 33, www.glaskunst-antjeotto.de, Plan S. 127 b3

**Gold und Silber Werkstatt Christoph Freier** Hier gibt es von Märchen inspirierte Schmuckstücke. ■ Erich-Johannsen-Wai 1, Tel. 046 51/93 55 21, www.gold-silberwerkstatt.de, Plan S. 127 b2

**Goldschmiedewerkstatt Birte Wieda** Fantasievolle Ohrringe, moderne, in sachlicher Optik designte Halsketten, Armbänder und Ringe. ■ Gurtstig 26, Tel. 046 51/331 60, www.goldschmiede-wieda.de, Plan S. 127 b2

**Kunststück gedreht & gemalt** Originelles aus Steinzeug und Porzellan. ■ Gaat 6, Keitum, Tel. 046 51/315 87, www.toepferhaus-keitum.de, Plan S. 127 b2

 **Bühne**

**Kulturhaus Sylt** Tanzabende, Meerkabarett und Konzerte zählen zum vielseitigen Programm, das im Friesensaal geboten wird. ■ Am Tipkenhoog 14, www.kulturhaus-sylt.de, Plan S. 127 c2

# Keitum

*Beim Keitumer Polo-Turnier treffen sich internationale Reiter*

## Kneipen, Bars und Clubs

**Bar im Severin\*s Resort & Spa** Im Sommer auf der Terrasse, im Winter vor dem Kamin werden von früh bis spät auserlesene Teesorten, Cocktails und Hochprozentiges serviert. ■ Am Tipkenhoog 18, Tel. 046 51/46 06 65 36, www.severins-sylt.de, Plan S. 127 c3

**PIUS' Weinwirtschaft** Zwischen Hunderten von Flaschen lässt sich nicht nur ein guter Tropfen genießen, auch die kleinen Speisen munden. Bei schönem Wetter sind die Tische im Freien zu empfehlen, aber bitte reservieren. ■ Am Kliff 5, Tel. 046 51/889 14 38, www.pius-weine.de, tgl. 17–24, Juli, Aug. ab 16 Uhr, Plan S. 127 b2

## Events

**Biikebrennen** Jedes Jahr am 21. Februar wird die alte Tradition des Feueranzündens auf Sylt hochgehalten. Es beginnt mit der Fackelausgabe und dem Biikeumzug zum großen Holz- und Reisighaufen, wo das Spektakel beginnt. Abschluss ist im Festsaal.

## ADAC *Mittendrin*

Beim **Altjahresumritt** zu Silvester ziehen Reiter durchs Dorf und bekommen von den Bürgern an 50 Stationen so manchen Satteltrunk gereicht. Als die meisten Sylter Männer noch zur See fuhren, muss die Erscheinung eines solchen Seemannes hoch zu Ross – zumal im angeheiterten Zustand – ein recht kurioser Anblick gewesen sein. Der Volksmund prägte dafür den friesischen Ausspruch »En Seeman to Hingst es en Gruul fuar Gott« (Ein Seemann auf einem Hengst ist ein Gräuel für den lieben Gott).

**Keitumer Lesesommer** Bekannte Autoren lesen im Friesensaal. ■ Am Tipkenhoog 14, www.kulturhaus-sylt.de
**Polo-Turnier** Reiter aus ganz Europa und Südamerika treten an, 15 000 Zuschauer erfreuen sich an VIP-Zelt und Ständen mit Marken- und Lifestyle-Angeboten. ■ Siidik, www.polosylt.de, Anfang Aug., Plan S. 127 a3
**Ringreiten**, siehe Im Blickpunkt S. 138

 **Erlebnisse**

**Living History Sylt** Ganz Keitum wird zur Bühne, wenn Laien kleine Szenen aus anderthalb Jahrhunderten nachspielen. Gästeführer erläutern den historischen Zusammenhang. ■ Wiebke Stitz, Tel. 046 51/889 55 53 und 01 51/25 54 97 33, stitz@agentur-help.de, www.living-history-sylt.de, Mai–Sept. einmal pro Monat So 11, 11.30, 12, 12.30, 13 Uhr, 30 €
**Weindorf-Führungen** Ortsbegehung inklusive Weinprobe bietet der Sommelier Nils Lackner. Juni-Aug. 2x im Monat, 2,5 Std. 89 €, Privattouren ab zwei Personen 129 € ■ Tel. 01 52/28 75 98 36, www.nilslackner.com

 **Sport**

**Reitschule Grünhof** Reiteraus- und -weiterbildung im Freien und in der Halle. ■ Süderstr. 80, Tel. 046 51/312 08, www.gruenhof-sylt.de, Plan S. 127 b/c3
**Reitstall Lorenz Hoffmann** Reitstunden und Ausritte auf Pferden aus eigener Zucht. ■ Gurtstig 46, Tel. 046 51/315 63, www.reitstall-hoffmann.de, Plan S. 127 b2
**Yoga** Anette Voelmy bietet im Friesensaal Ayur-Yoga. ■ Am Tipkenhoog 14, www.yoganeesha.de, Mi 19.30 Uhr, Anmeldung: Tel. 01 77/871 00 90 oder info@yoganeesha.de, 90 Min. 15 €, Plan S. 127 c3

## *Im Blickpunkt*

### Der Freiheitskämpfer residierte nur kurz

Kaum ein Ort der Insel kommt ohne eine nach ihm benannte Straße aus. Sogar die Uwe-Düne in Kampen ist nach Uwe Jens Lornsen benannt, der als Jurist und Beamter Vorkämpfer für ein geeinigtes und von Dänemark unabhängiges Schleswig-Holstein eintrat. Seine Flugschrift »Über das Verfassungswerk in Schleswigholstein« vom Sommer 1830 – bewegt durch die Revolutionen in Frankreich, Belgien und anderen Ländern – missfällt dem dänischen König. Er setzt den gerade erst zum Sylter Landvogt mit Sitz in Tinnum ernannten Lornsen nach zehn Tagen ab und steckt ihn ein Jahr in Festungshaft. Danach kuriert der 1793 in Keitum geborene Freigeist seine Hautkrankheit in Rio de Janeiro aus und arbeitet an Schriften, die ihn als Vordenker eines neuzeitlichen Verfassungsstaates auszeichnen. Nach seiner Rückkehr 1838 begeht er den Freitod im Genfer See.

# 10 Tinnum

*Ländlich und familienfreundlich mit ehemaliger Burg*

 **Information**

■ Touristeninformation, Dirksstr. 11, 25980 Tinnum, Tel. 046 51/98 37 11 und 99 80, www.insel-sylt.de

Die meisten Sylt-Urlauber kommen mindestens einmal zum Einkaufen nach Tinnum. Entlang der Keitumer Landstraße, die von Westerland aus ostwärts führt, liegen im Gewerbegebiet einige Supermärkte und Handwerksbetriebe. Der alte Dorfkern jenseits der Bahnlinie bleibt bei solchen Stippvisiten meist unbeachtet. Dabei ist ein Spaziergang dort durchaus reizvoll. Er führt auch zur Tinnumburg, an die nur noch Erdwälle erinnern. Doch gab es hier bereits vor rund 2000 Jahren erste Siedler. Tinnum ist heute noch ländlich geprägt, hat sehr hübsche, günstige Ferienwohnungen für Familien und erinnert an die Geschichte der Insel durch die alte Landvogtei. Um 1600 wählte der Landvogt Knut Taken den Ort als Amtssitz, und auch seine Amtsnachfolger lenkten bis 1868 von hier die Geschicke der Insel.

 **Sehenswert**

### Alte Landvogtei
| Gedenkstätte |

Das reetgedeckte Friesenhäuschen geht im Kern auf das Gebäude zurück, das 1649 unter Landvogt Peter Taken als Wohn- und Verwaltungssitz errichtet worden war. Damit ist es das älteste Gebäude der Insel. Landvögte verwalteten Sylt im Auftrag des dänischen Königs, der hier im Jahr 1825 einmal übernachtete. Mit nur zehn Tagen hatte Uwe Jens Lornsen die kürzeste Amtszeit (siehe Im Blickpunkt S.131). Die Landvogtei kann nur von außen besichtigt werden.

■ Kampende 17c

*Ringwallanlage aus der Wikingerzeit: die Tinnumburg aus der Vogelperspektive*

## Tinnumburg
| Archäologische Stätte |

Funde deuten darauf hin, dass hier, zwischen dem heutigen Tinnum und Westerland, vor rund 2000 Jahren ein Kultplatz lag. Der ringförmige begrünte Wall entstand vermutlich erst 1000 Jahre später zur Wikingerzeit. Trampelpfade führen den steilen Hang hinauf zur Wallkrone, auf der man bis zu dem Durchstich entlanglaufen kann, den der Landvogt Matthias Matthießen im 18. Jh. angeordnet hatte. Er ließ das Erdreich archäologisch sichten, doch ohne Ergebnis. Der Wall ist etwa 8 m hoch, am Fuß etwa 20 m breit und hat einen Innendurchmesser von 120 m. Die Anlage ist frei zugänglich.

■ Borigwai

*Im Bodendorf's wird erlesene mediterrane Sterneküche serviert*

 **Verkehrsmittel**

Die **Linien 3 und 3a** verkehren zwischen Westerland über Tinnum, Keitum, Munkmarsch, Braderup und Wenningstedt, **Linie 4** verbindet Tinnum mit Keitum, Archsum, Morsum und Westerland. Die »**Kleine Tinnumer Linie C**« fährt innerhalb von Tinnum.

 **Parken**

An der Kurverwaltung Dirksstr. 11, an den Einkaufszentren Keitumer Landstraße/Kiarwai.

 **Restaurants**

€€ | **Zur Eiche** Gutbürgerliches Restaurant in ruhigem Wohnviertel. Beliebt sind die Mastente, Spareribs und Seeteufelmedaillons. ■ Zur Eiche 38, Tel. 046 51/311 44, www.zureichesylt.de

€€€ | **Bodendorf's und SIEBZEHN84** Im Landhaus Stricker werden gleich zwei hervorragende Restaurants betrieben. Im legeren SIEBZEHN84 stehen beliebte, raffiniert verfeinerte Gerichte und Steaks auf der Karte. Die exquisiten, mediterran inspirierten Kreationen von Holger Bodendorf, darunter Seeteufel in Thymian und Rehrücken mit Pinienkernkruste, tragen einen Michelinstern. ■ Boy-Nielsen-Str. 10, Tel. 046 51/889 90, www.landhaus-stricker.com, SIEBZEHN84 tgl. ab 8 Uhr, Bodendorf's: Di–Sa ab 19 Uhr, Jan./Feb. geschl.

 **Cafés**

**Hofcafé Kleiner Kuhstall** Hier schmeckt der selbst gebackene Kuchen genauso gut wie die »Mistplatte«, Deftiges mit Deichkäse. ■ Südhörn 7c, Tel. 046 51/835 30 05, www.kleinerkuhstall.de, Fr-Mi 12.15-18.15 Uhr

## 10 Tinnum

**Sylter Teehaus TeeKuLa** Im Speicherstübchen können Tee und Kuchen gekostet werden. Der Laden bietet neben 250 Sorten Tee selbst gemachte Marmeladen und Honig. ■ Zur Kratzmühle 4, Tel. 046 51/430 07, www.sylter-teehaus.de.

###  Einkaufen

**Weinfachhandel Heiliger** Die Auswahl ist riesig. Auch der Keitumer Sölviin gehört dazu. ■ Zum Fliegerhorst 22, Tel. 046 51/92 70 24, www.weinheiliger.de

###  Kneipen, Bars und Clubs

**Miles Bar im Landhaus Stricker** 80 Champagner-Sorten, 40 Whisky- und 20 Gin-Varianten lassen aufhorchen. Hier wird die Nacht ein Erlebnis. ■ Boy-Nielsen-Str. 10, Tel. 046 51/889 90, www.landhaus-stricker.de, tgl. bis 1 Uhr

*Im Streichelzoo darf gefüttert werden*

###  Kinder

**Tiergehege** 1 km südöstlich von Tinnum liegt der 30 000 m² große Tierpark der Familie Christiansen. Frei laufende Flamingos, Pfaue und Hühner sind neben Aras, Alpakas und Emus die Attraktion. Im Streichelzoo leben Schafe und Ziegen. Spielplatz mit Hüpfburg und Tretbooten. ■ Ringweg 100, Tel. 046 51/326 01, www.syltmail.de/tierpark_tinnum, Mitte April–Okt. tgl. 10–19 Uhr, Kinder in Begleitung Erwachsener frei

###  Events

**Ringreiten**, siehe Im Blickpunkt S. 138

###  Erlebnisse

**Schokoladenmanufaktur** Seine eigene Schokolade kreieren, dazu gibt es hier Kurse. Aber unbedingt frühzeitig anmelden, denn die Nachfrage ist groß. Einkaufen, was es an Süßem gibt, geht auch. Das Café Wien in Westerland verkauft die Spezialitäten ebenfalls. ■ Zum Fliegerhorst 15, Tel. 046 51/299 15 01, www.cafe-wien-sylt.de

###  Sport

**Reitstall Wiesengrund** Hof im Westen nahe dem Tierpark. Ausritte an den Weststrand und Reitunterricht. ■ Zum Wiesengrund, Tel. 046 51/316 00, www.wiesengrund-sylt.com

**Marine-Golf-Club** Den 18-Loch-Linksplatz auf dem früheren Flughafengelände hat der schottische Golfarchitekt Kenneth J. Moodie u.a. mit 3 bis 50 m hohen künstlichen Dünen gestaltet. ■ Flughafen 96, Tel. 046 51/92 75 75, www.sylt-golf.de

# Morsum 11

Das Morsum-Kliff ist eine geologische Sensation

## 11 Morsum

*Stilles Dorf am Wattenmeer mit einem wunderschönen Kliff*

###  Information

■ Touristeninformation Morsum (in der Sylter Bank), Bi Miiren 17, 27321 Morsum, Tel. 046 51/99 80, www.insel-sylt.de
■ Parken siehe S. 137

Groß-Morsum mit dem Bahnhof, dem Haus des Kurgastes und der eindrucksvollen Kirche gehört zu einem Sylt-Besuch dazu, wenn man die ruhige Schönheit mag. Das sich östlich anschließende Klein-Morsum ist für seine Reitställe bekannt. Hinzu kommen kleine Siedlungen wie Schellinghörn, Wall oder Osterende. Höhepunkt ist das durch seine Schichtung und Färbung einmalige Nationale Geotop Morsum-Kliff. Muasem ist kein falsch geschriebenes »Museum«, sondern der ursprüngliche Ortsname seit 1462. Bis ins 18. Jh. lebte man hier von der kargen Landwirtschaft. Die meisten Häuser und Höfe des Dorfes lagen erhöht auf dem Geestkern, die Felder im Süden wurden immer wieder überschwemmt. Das änderte sich erst, als 1936/37 der Nössedeich errichtet wurde. Er bietet schöne Rad- und Spazierwege.

###  Sehenswert

### St. Martin
| Kirche |

*Lebendig und mit Ausstrahlung – typisch friesisch*

Wie arm die Morsumer waren, zeigt sich in dem bescheidenen Kirchenbau aus Granitquadern und Findlingen. 1240 wurde er das erste Mal urkundlich erwähnt und ist eine der ältesten Kirchen der Insel. Einen Turm konnte man sich nicht leisten. Die Glocke wird bis heute von einem separat stehenden

# 11 Morsum

*Wie früher bei Landkirchen üblich, wurde St. Martin ohne massiven Turm gebaut*

Holzgerüst getragen. Zur Innenausstattung gehört der erst vor wenigen Jahren wiederentdeckte geschnitzte Flügelaltar (um 1500), der im offenen Zustand Gottvater mit Christus zeigt. Sehenswert sind auch die barocke Kanzel aus Eichenholz von 1698, der kelchförmige romanische Taufstein aus dem 13. Jh. sowie die Glasmalereien. Viele Gedenktafeln und die schlichte Schönheit machen diese Kirche zu einem besonderen Ziel. Auch die Lesungen und Konzerte sind neben den Gottesdiensten von großem Reiz.

■ Haawerlön 5, Tel. 046 51/89 02 25, www.kirche-morsum.de

## Friedhof St. Martin
| Gedenkstätte |

Nahe der rückwärtigen Mauer der Kirche ist die Holzplastik »Zuneigung« (1999) von Jan Leseberg zu sehen. Unter einem Baum an der Südseite markiert ein einfacher Findling die letzte Ruhestätte Fabian von Schlabrendorffs (1907–1980), der im März 1943 am fehlgeschlagenen Attentat auf Adolf Hitler im Armeehauptquartier von Smolensk sowie am geplanten Staatsstreich des 20. Juli 1944 beteiligt war.

■ Haawerlön 5

## Morsum-Kliff
| Naturschutzgebiet |

(17) *Das gekippte Kliff offenbart Erdgeschichte*

Im Nordosten des Dorfes verläuft das bis zu 20 m hohe Kliff etwa 1 bis 2 km entlang der Wattenmeerküste. Der sichtbare Teil besteht hauptsächlich aus weißem Kaolinsand, der vor zwei bis drei Millionen Jahren aus dem Baltikum angeschwemmt wurde. Daneben befinden sich Schichten von vier bis fünf Millionen Jahre altem rötlichbraunen Limonitsandstein. Diese werden flankiert von abgelagertem Glimmerton, der fünf bis sieben Millionen Jahre alt ist. Während diese Schichten sonst horizontal liegen, haben hier Eiszeitgletscher ganze Arbeit geleistet und sie senkrecht gestellt. Dadurch

# Morsum 11

entsteht diese einmalige Abfolge von Farben und Materialien. Das Nationale Geotop enthält zudem versteinerte Reste von Meeresbewohnern wie Haifischzähne oder Schneckengehäuse.

■ Rundwanderung ab Parkplatz Nösse, 2 km östl. Morsum, naturkundliche Wanderungen, Tel. 046 51/444 21, www.naturschutz-sylt.de, April–Okt. Mo, Mi, Fr 11.15, Di, Do 14 Uhr, Spendenempfehlung: Erw. 7,50, erm. 3 €

## Hünengräber
| Archäologische Stätte |

Zwei große bronzezeitliche Hünengräber liegen in der Morsumer Heide. Der 23 m hohe Munkhoog und der Markmannhoog gehören zu einem ausgedehnten Gräberfeld, das von der Steinzeit bis zur Wikingerzeit (9.–11. Jh.) genutzt wurde. Nach vielen Sturmfluten und Grabplünderungen sind nur noch Reste der Anlage erhalten.

###  Verkehrsmittel

Die **Linie 4** verkehrt zwischen Morsum, Archsum, Keitum, Tinnum und Westerland.

###  Parken

Bahnhofstraße, Ruar Öört und an der Kirche St. Martin (Haawerlön).

###  Restaurants

**€ | Fränkische Weinstuben** Hier gibt es Frankenweine und gebratene Schollenfilets. Beliebt sind Wildspezialitäten von Hirschkeule bis Fasan. ■ Terpstig 87, Tel. 046 51/89 04 40, www.fraenkische-weinstuben-morsum.de, Di geschl.

**€€ | Landhaus Severin*s** Feine Sylter Küche, nachmittags leckerer Kuchen mit Blick auf Meer, Marsch und Morsum-Kliff – was für ein Genuss! ■ Nösistig 13, Tel. 046 51/460 68 80, www.landhaus-severins.de, tgl. ab 12 Uhr

###  Cafés

**Café Ingwersen** Frühstück im Garten, mittags sind Steaks, Suppen und Salate im Angebot. Die Friesentorte mit selbst gemachtem Pflaumenmus sowie der Karottenkuchen sind heiß begehrt. Beliebter Radfahrertreff. ■ Terpstig 76, Tel. 046 51/82 33 44, www.ingwersen-sylt.de, tgl. 8–18 Uhr

###  Einkaufen

**Hansens Hof** Hunderte frei laufende Hühner. Zudem gibt es einen Hofladen und Kunstobjekte. ■ Terpstig 65, Tel. 01 71/238 50 74, www.hansenhof-sylt.de

**Sylter Seifen** Handgesiedete Pflanzenseifen und weitere Accessoires sind im Bahnhofsgebäude erhältlich. Die wohlduftenden Stücke werden per Hand auf der Insel hergestellt. ■ Bi Miiren 11 (im Bahnhof), Tel. 046 51/460 99 77, www.sylterseifen.de

###  Kinder

**Reiten** Kleine Ausritte im Watt würzen den Tag. Unterricht im Reiten und Kutschefahren. Reithalle, Springparcours und Mietboxen. ■ Reiterhof Ulrike Lobach, Litjmuasem 14, Klein-Morsum, Tel. 046 51/89 02 39

###  Events

**(18) Ringreiten** Zwischen Mai und August wird ein Teil des Freizeit- und Kurparks zum Turnierplatz abgesteckt. Das Gejohle ist groß, wenn die

## 11 Morsum

### Im Blickpunkt

**Die Lanze muss in den Ring!**

Gekleidet in fescher Galauniform preschen Reiterin oder Reiter auf den »Galgen« über der Turnierbahn zu, die 2 m lange Lanze unterm Arm sicher angelegt. Dort baumelt ein kleiner Messingring, nur 12–25 mm im Durchmesser. Spießen die Ringreiter ihr Ziel, branden Applaus und Jubelrufe auf. Seinen Ursprung hat diese Tradition in den ritterlichen Wettkämpfen des 12. und 13. Jh. Auf Sylt sind die ersten Ringreiterspiele von 1841 und 1843 in Keitum überliefert. Jedes Jahr zwischen Mai und August treten die Ringreitervereinigungen gegeneinander an. Zu sehen ist das im Sylter Osten etwa in Morsum hinter dem Muasem Hüs. Auch in Tinnum, Keitum oder auch auf Amrum und Föhr sowie auf dem Festland gibt es die spannenden Wettkämpfe. Neulinge unter den Zuschauern werden schnell mit den Regeln vertraut gemacht, dann geht es zum gemeinsamen Umtrunk.

Lanze in den kleinen Ring trifft (siehe Im Blickpunkt links). ■ Bi Miiren 17, www.sylt.de

**Konzertsommer** In St. Martin werden feine Konzerte gegeben. ■ www.kirche-morsum.de, Juli, Aug. Mo 20.15 Uhr

**Reiter- und Pferdegottesdienst** Nach einem Ritt durchs Dorf beginnt der Gottesdienst für Zwei- und Vierbeiner vor St. Martin. ■ www.kirche-morsum.de, zweiter oder dritter So im Sept.

Der bunte **Herbstbasar** mit Kunsthandwerk und Gemäldeausstellung und der **Goldene Oktober**, an dem regionale landwirtschaftliche Erzeugnisse angeboten werden, finden im jährlichen Wechsel im Muasem Hüs statt. ■ www.sylt-tv.com/veranstaltungen, an einem Wochenende im Sept. oder Okt.

 **Erlebnisse**

**Nachtwanderungen** Nach einem rund einstündigen Spaziergang führt der Weg zum Lagerfeuer mit Stockbrot. ■ Treffpunkt: Parkplatz an der Kirche, Termine: www.kirche-morsum.de

**Wattwandern für Blinde** Die Schutzstation Wattenmeer bietet Führungen durchs Wattenmeer für Sehbehinderte an. Zudem gibt es geleitete Ausflüge zur Morsum Odde und Vogelführungen im Nösse-Koog. ■ Schutzstation Wattenmeer Morsum, Bauwagen LKN-Gelände, Liiger Wai, Tel. 01 51/54 86 52 18, www.schutzstation-wattenmeer.de

 **Sport**

**Golfclub Morsum** Der 18-Loch-Golfplatz zählt zu den exklusivsten Golfclubs des Landes, Greenfee-Spieler werden nur sehr restriktiv zugelassen (Handicap mind. 34). ■ Uasterhörn 37, Tel. 046 51/89 03 87, www.golf-morsum.de

# Übernachten

Hierher kommen v. a. Urlauber, die Ruhe und Entspannung suchen. Wenn draußen der Wind pfeift, wärmen sich Körper und Gemüt nach einem Spaziergang am Kaminfeuer. Wem das Angebot aus Wellnessherberge mit gediegenem Luxus nicht ins Budget passt, findet günstige Privatunterkünfte und Apartments.

## Keitum .................... 122

€€ | **Seiler Hof** Kleines Hotel in einem 250 Jahre alten Kapitänshaus im Ortszentrum. Elf kleine, liebevoll eingerichtete Zimmer, teils zum großen gepflegten Garten hin, dazu eine Sauna und ein Dampfbad. ■ Gurtstig 7, Tel. 046 51/933 40, www.seilerhofsylt.de, Plan S. 127 b2

€€€ | **Aarnhoog** Rustikal-edel gibt sich das umgebaute Gehöft im ruhigen Süden. Ein Doppelzimmer und zwölf Suiten bieten gediegene Wohnlichkeit. Die Tee & Kaffeestuuv mit offenem Kamin bietet köstliche Speisen zum Frühstück, am Nachmittag und zum Dinner. ■ Gaat 13, Tel. 046 51/ 39 90, www.aarnhoog.de, Plan S. 127 b3

€€€ | **Benen-Diken-Hof** Heimeliges Luxushotel in reetgedeckten Anwesen mit blumengeschmücktem Innenhof. In drei miteinander verbundenen Häusern sind 43 elegant eingerichtete Zimmer und Suiten untergebracht. Ergänzend gibt es einen Wellnessbereich mit Pool. ■ Süderstr. 3–5, Tel. 046 51/938 30, www.benen-diken-hof.de, Plan S. 127 b3

## Tinnum .................... 132

€ | **Hotel Christiansen** Die einfach eingerichteten Zimmer im familiengeführten Dreisternehotel sind sehr geräumig. Der Garten mit Strandkörben lädt zum Entspannen ein. ■ Zur Eiche 32–34, Tel. 046 51/93 00, www.hotelsylt.de

€€€ | **Landhaus Stricker** Das elegante Reetdach-Landhaus bietet 38 großzügige Zimmer und Suiten sowie einen schönen Garten mit plätscherndem Bächlein und schilfbestandenem Teich. 700 m² großes Private Spa mit allen Annehmlichkeiten für Beauty und Wellness, eigenem Kosmetikbereich und Workout-Room. ■ Boy-Nielsen-Str. 10, Tel. 046 51/889 90, www.landhaus-stricker.de

## Morsum .................... 135

€€€ | **Hotel Hof Galerie** Familiengeführtes Privathotel in einem ehemaligen Hofgebäude von 1906 mit neuem Anbau. Hier beginnt der Tag mit einem liebevollen Frühstück mit Smoothies, frischen Garnelen und selbst gemachter Marmelade, dazu herrlicher Weitblick über die Wiesen. ■ Serkwai 1, Tel. 046 51/95 70 50, www.hotelhofgalerie.de

(19) €€€ | **Landhaus Severin*s** Ruhiger kann auf Sylt fast nicht übernachtet werden. Im Naturschutzgebiet Morsumer Kliff lässt es sich im frisch renovierten Haus herrlich entspannen. Zusätzlich zum großen Saunabereich können Gäste auch kostenfrei den Wellnessbereich des Severin*s Resort & Spa in Keitum, Am Tipkenhoog 18, nutzen. ■ Nösistig 13, Tel. 046 51/460 68 80, www.landhaus-severins.de

# Die Nachbarn: Hallig Hooge, Amrum, Föhr, Helgoland

*Wiesengrüne Idylle, Warften, Watt, so weit das Auge reicht, oder rot beschienene Klippen – jede Schwesterinsel hat ihre Vorzüge*

## In diesem Kapitel:

**12 Hallig Hooge** .......................... 142
**13 Amrum**  .................... 146
**14 Föhr** ........................................ 156
**15 Helgoland** ............................. 165
Übernachten ................................. 171

## ADAC Top Tipps

 **Kniepsand, Amrum**
| Strand |
15 km lang und 2 km breit – eine der schönsten Sandkisten der Welt findet hier ihre Liebhaber. ................ 146

**Lange Anna, Helgoland**
| Naturdenkmal |
Der rote Symbolstein mit der einmaligen Vogelwelt ist ein Wahrzeichen in der Brandung der Nordsee. ........ 166

## ADAC Empfehlungen

 **Königspesel, Hallig Hooge**
| Museum |
Das rote Backsteinhaus bot schon einem König Quartier – hier lebt die alte Kultur auf. ............................. 143

 **Blaue Maus, Amrum**
| Kneipe |
Es ist das älteste Lokal Amrums und Kult! Eintreten und wohlfühlen lautet die Devise. .................................. 153

Eine Stippvisite auf einer Hallig, nur wenige Meter über dem Meeresspiegel gelegen, ist ein bleibendes Erlebnis. Dabei sind die Warften mit ihren Cafés und die Blicke vom Inseldeich zu den Salzwiesen mit ihrer betörenden Vogelwelt von besonderem Interesse. Amrum bietet mit dem Kniepsand einen der schönsten Strände der Welt. Die grüne Schwesterinsel Föhr ist eher landwirtschaftlich geprägt und bietet Ruhe, Watt und schmucke Friesenhäuser sowie Platz für Fahrradausflüge. In der Stadt Wyk sowie den 16 Dörfern leben rund 8400 Menschen. Helgoland mit seinem Symbolfelsen, der Langen Anna, ist als einzige deutsche Hochseeinsel ein Muss. Sie wird ständig attraktiver: Die Besucherzahlen wachsen zweistellig.

### ㉒ Watt erleben, Amrum
| Naturerlebnis |
Weltnaturerbe unter den Füßen spüren – grandios und ein Erlebnis nicht nur für Kinder. ............................... 155

### ㉓ Kunst der Westküste, Föhr
| Museum |
Sammlung hochkarätiger Kunst zum Thema Meer und Küste aus allen Nordseeanrainerstaaten. .................... 158

### ㉔ Nieblum, Föhr
| Ortsbild |
Das sicher schönste Dorf der Insel zeigt Friesenhäuser in Reinkultur – einfach kuschelig. ................................. 158

### ㉕ Rickmers, Helgoland
| Restaurant |
Inseltypisch, ansprechend und mit bestem Ausblick bietet dieses Haus auch kulinarischen Genuss. .............. 168

## 12 Hallig Hooge

*Die Abgeschiedenheit ist äußerst reizvoll zu erleben*

### Information

■ Touristikbüro Uns Hallig Hus, Hanswarft 1, 25859 Hooge, Tel. 048 49/91 00, www.hooge.de
■ Achtung: Auf Hallig Hooge gibt es keine Geldautomaten – nur ein EC-Cash-Terminal der Volks- und Raiffeisenbank Husum in der Backenswarft, Hus in Lee, Karola Diedrichsen, Tel. 048 49/216

Hier ist alles ungewöhnlich: Nur rund 5 m über dem Meeresspiegel spielt sich das Leben ab. Ein rund 1,2 m hoher Steindeich schützt die Hallig zwar vor leichteren Sturmfluten, aber zwei- bis fünfmal im Jahr heißt es »Land unter«. Es gibt sieben Kneipen und Imbisse sowie ein herausragendes Museum im doppelten Sinne. Der Königspesel ist ein Kleinod, so hübsch ist das alte Reetdachhaus, und es ragt wie die anderen Häuser auf den elf etwa 6 m hohen Erdhügeln quasi aus dem Meer. Auf acht dieser Warften leben die 95 Einwohner von Hooge. Im Jahr kommen an die 100 000 Besucher, die meisten nur für einen Tagesausflug. Manche bleiben aber ein paar Tage, und alle sind verblüfft, etwa die Schule mit einem Lehrer und nur vier Kindern zu sehen.

*Entdeckerfreuden und Sportsgeist – Inselerschließung zu Fuß oder mit dem Fahrrad*

# Hallig Hooge 12

 **Sehenswert**

## St. Johannes
| Kirche |

Hinter dem Warftwall im Schutz hoher Bäume und umgeben von einem kleinen Friedhof steht die um 1636 erbaute Halligkirche. Den weiter westlich gelegenen Vorgängerbau hatte die Flut namens Große Mandränke 1362 zerstört. Vor dem Warftdeich erinnert ein Holzmast an die Pegelhöhe von Sturmfluten. Den Spitzenplatz nimmt mit 9,24 m die Flut vom 16. Februar 1919 ein.

■ Kirchwarft 1, Tel. 048 49/230, www.halligkirche.de

## Heimatmuseum
| Museum |

Es präsentiert Erinnerungsstücke, Gebrauchsgegenstände und Trachten aus der Walfängerzeit im 17./18. Jh.

■ Hanswarft 10 a, Tel. 048 49/238, www.insel-museum.de, März–Okt. tgl. 10–16 Uhr

## Königspesel
| Museum |

 *Die größte Attraktion der Warft zeigt lebendige Tradition*

Das rote Backsteinhaus mit tief herabgezogenem Reetdach hat Kapitän Tade Hans Bandiks im 18. Jh. errichten lassen. 1825 übernachtete König Friedrich VI. hier. Die Wände sind mit blau-weißen Kacheln geschmückt. Im Kontrast dazu stehen die grün grundierte, in Teilen bemalte Balkendecke und der ebenso eingefasste Alkoven. Auch das prächtige Mobiliar des vornehmen Wohnzimmers ist original erhalten.

■ Hanswarft, Tel. 048 49/219, www.insel-museum.de, tgl. nach Ankunft der Schiffe und nach Vereinbarung, Kutsche zum Königspesel, Tel. 048 49/2 59

*Friesische Wohnkultur: der blau-weiß gekachelte Königspesel auf der Hanswarft*

## Wattenmeerhaus
| Museum |

Am Rande der Hanswarft steht das Nationalpark-Seminarhaus der Schutzstation Wattenmeer mit Aquarien und Schaukästen. Dazu gibt es Vorträge und geführte Wattwanderungen.

■ Hanswarft 2, Tel. 048 49/229, www.schutzstation-wattenmeer.de, tgl. 11–16 Uhr

## Hooger Sturmflutkino
| Kino |

Auf großer Leinwand wird ein etwa viertelstündiger Kurzfilm über Sturmfluten gezeigt.

■ Hanswarft 9, Tel. 048 49/2 71, www.sturmflutkino.de, April–Okt. tgl. 10–17 Uhr, ab 5 Pers., Erw. 2,50 €, erm. 1,50 €

## Hallig Hooge

## Im Blickpunkt

### Die Geheimnisse des Wattenmeers

Das Weltnaturerbe liegt einem zu Füßen und birgt so viele Überraschungen. Der Wattwurm ist wegen seiner überall zu sehenden Kothaufen das bekannteste Tier im Watt. Bei Ebbe laufen die Vögel auf Nahrungssuche über die freien Flächen. Sobald sich ein neuer Wurmhaufen aufkringelt, stochern die Vögel mit ihren Schnäbeln in die Röhre und versuchen, den Wurm zu packen. Der Wattwurm kann sein dünnes Hinterende stückweise abstoßen. Der Räuber bekommt dann nur wenig zu fressen, und der Wurm kann sich in die Tiefen seiner Röhre retten.
Ein Ausflug ins Watt sollte nur mit einem ortskundigen Führer unternommen werden. Er kennt neben Flora und Fauna auch alle Gefahren. Stiefel sind nur im festen Sandwatt geeignet, es besteht die Gefahr, dass sie im Schlick stecken bleiben. Auch barfuß zu gehen wäre falsch, dann lieber festsitzende Turnschuhe zum Schutz gegen die im Watt versteckten scharfkantigen Muscheln und Austern anziehen.

### Verkehrsmittel

Informationen zur **Anreise** auf S. 176. Die Warften kann man zu Fuß, mit dem Rad oder mit Pferdewagen erkunden.
■ Gelbe Planwagen, Tel. 048 49/250; Kutsche zum Königspesel, Tel. 048 49/259

### Parken

Am Fährhafen Schlüttsiel gibt es einen unbewachten, gebührenpflichtigen Parkplatz, Münzen mitbringen. Alternativ gibt es einen bewachten Parkplatz beim Hafenmeister.

# Hallig Hooge

##  Restaurants

**€ | Friesenpesel** Hooges älteste Gaststätte serviert nordfriesische Spezialitäten. Die windgeschützte Terrasse ist dazu der ideale Platz. Das Halliggericht »Mehlbüddel« sollte sich niemand entgehen lassen. ■ Backenswarft 6, Tel. 048 49/250, www.friesenpesel.de

**€ | T-Stube** In dem reetgedeckten Friesenhäuschen sitzt man bei Krabben oder Matjes. Die 41 Teesorten genießt man im Sommer (April–Okt.) gern im Gärtchen vor der Tür. ■ Hanswarft 6c, Tel. 048 49/289, tgl. 10.30–24 Uhr

##  Cafés

**Zum Blauen Pesel** In der gemütlichen Gaststube des reetgedeckten Hauses von 1750 gibt es Halliggebäck, Suppen und Pharisäer. Es lohnt ein Blick in den von Nikolaus Soltau ausgemalten Pesel gegenüber.
■ Backenswarft 2, Tel. 048 49/231, www.blauerpesel.de, April–Okt. 14–18.30 Uhr, Mo geschl.

##  Einkaufen

**Der Bingehof** Wurst- und Fleischwaren, Hallighonig sowie Getränke und Wein aus biologischem Anbau. ■ Mitteltritt 3, Tel. 048 49/2 08, www.hallighof.de/84/Hofladen.html

##  Kinder

**Kinderspielplatz** An der Hanswarft, Nähe Uns Hallig Hus.
**Kindergarten** Nach vorheriger Anmeldung dürfen Gästekinder spielen, basteln und mitsingen. ■ Hanswarft, Tel. 048 49/266, vormittags

##  Events

**Hooger Trachtensommer** Die Halligbewohner kramen ihre Sonntags- und Festgewänder hervor. Die Trachten haben einen Wert von rund 5000€ und bestehen aus dem Trägerrock »Pai«, einem Kopftuch, einem Schultertuch, Ärmeln, Schürzen und silbernem Brustschmuck. ■ Erster So im Sept. (in geraden Jahren), www.trachtensommer.de

**Ringelganstage** Riesige Schwärme von Ringelgänsen rasten Ende April bzw. Anfang Mai auf den sattgrünen Halligwiesen. Fernglas einpacken! Mitarbeiter der Schutzstation Wattenmeer bieten 1,5-stündige Führungen.
■ www.ringelganstage.de

##  Sport

**Inliner-Rundfahrt** In rund 3 Std. kann die Hallig zu Fuß einmal umrundet werden. Die asphaltierten Wege sind auch für Inline-Skater optimal.

##  In der Umgebung

**Langeneß** Halbtagesfahrten zur abgeschiedenen Nachbar-Hallig Langeneß, der größten der insgesamt zehn Halligen. ■ www.adler-schiffe.de
**Kultur auf den Halligen** An fünf Wochenenden von Mai bis Sept. treten Künstler auf der Hallig Langeneß auf.
■ www.kulturaufdenhalligen.com

### ADAC Wussten Sie schon?

Eine 3 cm lange **Miesmuschel** kann pro Stunde bis zu 1 l Meerwasser filtern. Die **Große Sandmuschel** lebt 30 cm tief im Boden, während die **Herzmuschel** sich nur 1 cm eingräbt.

# 13 Amrum
*Inselromantik mit Strand und Heide ohne Riesenrummel*

*Badespaß und Strandkorbfreuden bietet der Kniepsand mit Blick auf Sylt*

### Information

- Amrum Touristik, Inselstr. 14, 25946 Wittdün, Tel. 046 82/940 30, www.amrum.de
- Parken siehe S. 127

Weit mehr als 60 Prozent der Besucher sind Stammgäste. Viele lockt der Kniepsand, andere lieben das kulturelle Angebot, viele gehen auf Watt- und naturkundliche Wanderungen. Die 2300 Einwohner verteilen sich auf Wittdün, Nebel, Süddorf, Steenodde und Norddorf. Und wie alt sind die Orte? Das älteste Dokument stammt von 1231, als »Ambrum« noch zu Dänemark gehörte. Ab 1864 hatten die Preußen das Sagen. Bald wurde Amrum durch sein Seehospiz bekannt, das Pastor Friedrich von Bodelschwingh 1890 in Norddorf gründete. Wenige Jahre danach wurde eine Badekonzession für die Südspitze erteilt, was viele Urlauber anzog. Seither gibt es hier auch einen großen Strand für Freikörperkultur.

###  Sehenswert

####  Kniepsand
| Strand |

 *15 km lang – eine der schönsten Sandkisten der Welt*

Woher kommt der Sand für diesen einzigartigen Strand? Er stammt von

Amrum

Plan
S. 149

### ❸ Leuchtturm
| Landmarke |
Etwa 1 km westlich von Wittdün ragt der Leuchtturm der Großdüne empor. Er wurde 1875 eröffnet und war das erste Leuchtfeuer Nordfrieslands, das unter deutscher Regierung errichtet wurde. Mit knapp 42 m Höhe ist er der höchste begehbare Leuchtturm der deutschen Nordseeküste. Samt Düne bringt er es auf 64 m Höhe. Herrlich ist der Blick von seiner Aussichtsplattform. 23 Seemeilen (42,6 km) weit reicht der Lichtkegel. Zwei Briefmarken der Deutschen Post zeigten den Turm als Motiv.

■ Tannenwai 46a, Nebel, Tel. 046 82/ 940 30, www.nordseetourismus.de/ leuchtturm-amrum,
Hochsaison: Mo–Fr 8.30–12.30,
Nebensaison: nur Mi 9–12.30 Uhr, 2,50 €

## ADAC *Wussten Sie schon?*

Am Kniepsand stehen merkwürdige Bauten. Sie gehören zum Projekt **Kunst am Kniep**, bei dem Strandmüll zu Buden verarbeitet wird. Ein sauberer Strand ist die Folge und das als Produkt einer Hand-in-Hand-Arbeit von Insulanern und Urlaubern. Die ersten Kunstbuden entstanden in den 1950er-Jahren und werden jedes Jahr neu gebaut oder erweitert, falls sie bei Herbststürmen zerstört werden. Eine hat sogar den Weg in den Innenhof des Altonaer Museums in Hamburg gefunden.
*1 km nördlich Strandzugang Nebel*

einer vorgelagerten Sandbank. Wind und Wellen trieben den Sand beständig nach Osten, bis er Ende des 19. Jh. auf die Küste traf. Seitdem ist der Strand rund 15 km lang, bis zu 2 km breit und aus feinstem, fast weißem Sand.

### ❷ Wittdün
| Ortsbild |
Ein Bummel durch das geschäftige Wittdün führt vom regen Hafen aus an zahlreichen Geschäften vorbei. Auch der künstlich angelegte Dünensee Wriakhörn südlich von Wittdün ist als Vogelschutzgebiet und Biotop mit Naturlehrpfad gut zu erreichen.

## 13 Amrum

### ④ Nebel
| Ortsbild |

Mit seinen niedrigen Friesenhäuschen in blumengeschmückten Gärten erfüllt der Hauptort der Insel alle Voraussetzungen für ein schmuckes Urlaubsdomizil. Man sieht deutlich, dass Nebel neben Süddorf ein bevorzugter Altersruhesitz wohlhabender Kapitäne und Grönlandfahrer war. Als solcher entstand er ab dem 16. Jh. um die schon bestehende Kirche St. Clemens (13. Jh.). Schon von weitem ist ihr hoher Turm von 1908 zu sehen. Auch ein Gang auf den Friedhof lohnt: In einem gesonderten Areal, der Allee der Steine, wurden 169 »Erzählende Grabsteine« aus dem 17./18. Jh. nach ihrer Restaurierung aufgestellt.

■ www.erzaehlende-steine.de, www.amrum-kirche.de

### ⑤ Steingrab Eesenhugh
| Archäologische Stätte |

Das mit 4,70 m Höhe und 26,5 m Durchmesser größte Megalith-Grab der Insel stammt aus der Bronzezeit (ca. 2200–800 v. Chr.). Das ebenso eindrucksvolle Gräberfeld daneben, mit vermutlich 80 Hügelgräbern, wurde dagegen während der Wikingerzeit im frühen Mittelalter angelegt.

■ Steenodde

### ⑥ Steenodder Kliff
| Naturschutzgebiet |

Der Steinstrand ist Brutplatz für Sandregenpfeifer und Austernfischer. Zusätzlich sammeln sich dort Enten und Limikolen zum Rasten. Im Frühjahr und Herbst bietet es Rastplatz für Ringelgänse, Eiderenten, Pfuhlschnepfen, Steinwälzer und Meerstrandläufer.

*Im Kapitänshaus ist vieles noch im Originalzustand*

## Amrum 13

### ❼ Öömrang Hüs
| Museum |

Der Amrumer Verein Öömrang Ferian unterhält das reetgedeckte Kapitänshaus von 1736 mit teils noch originaler Ausstattung wie Alkoven und mit Fliesen getäfelte Wände. In der Wohnstube mit typischem Beilegerofen finden auch Trauungen statt. Zudem gibt es Ausstellungen, die immer wieder wechseln.

■ Waaswai 1, Nebel, Tel. 046 82/21 18, www.oeoemrang-hues.de, Mai–Okt. Mo–Fr 11–13.30 und Mo–Sa 15–17, Nov.–April Mo–Fr 15–17 Uhr

### ❽ Heimatmuseum
| Museum |

Am Südrand Nebels wurde auf dem höchsten Punkt 1771 eine Erdholländer-Mühle erbaut. Bis 1963 mahlte man noch Getreide. Heute stellen Fotografien, Dokumente und Trachten die Orts- und Inselgeschichte vor. Eine kleine Galerie präsentiert Kunst. Gegenüber der Mühle liegt der Friedhof der Heimatlosen.

■ Ualjaat 4, Tel. 046 82/8 72, www.amrumer-windmuehle.com, April–Okt. tgl. 10.30–13, 14.30–17, Mo nur bis 16, So ab 11 Uhr www.amrum-kirche.de/friedhoefe_namenlosen.htm

### ❾ Bank mit Kreuz und Bibel
| Aussichtspunkt |

Eine Bank lädt zum Ruhen und zur Vogelbeobachtung im nahen Wattenmeer ein. In einem Kasten daneben befindet sich eine Bibel. Die Kreuzinschrift »Uun Jesus as Rau an Freese« übersetzen Inselgäste oft mit »Auch Jesus war ein rauer Friese«, es heißt aber »In Jesus ist Ruhe und Frieden«.

■ Am Wattufer nördlich von Nebel

### ❿ Amrumer Vogelkoje
| Freiluftmuseum |

Im 19. und 20. Jh. wurden hier rund 400 000 Wildvögel gefangen, um sie zu Fleisch, Pasteten und Pökelfleisch zu verarbeiten, gezähmte Enten dienten als Lockvögel. 1935 wurde die Anlage geschlossen und ist heute zusammen mit stein- und eisenzeitlichen Ausgrabungen Teil des Naturerlebnisraums Vogelkoje Meeram. Der Kojenteich ist ein gut bevölkertes Biotop, das vielen Vogelarten als Brut- und Rastplatz dient. Tafeln erläutern die Fangtechniken mit den sogenannten »Pfeifen«, einem ausgeklügelten System von Seitenarmen, die vom Teich abgingen.

■ Sanghughwai, Nebel

# 13 Amrum

Plan S.149

## Im Blickpunkt

### Einmalige Vielfalt in der Vogelwelt

Die typischen Zugvögel des Wattenmeeres brüten in der Regel weit oben in den Tundren der Arktis, im Norden Europas, Asiens oder gar Amerikas. Auf dem Weg in die Winterquartiere, die oft im westlichen Afrika liegen, legen mehrere dieser Arten eine einzige Rast ein und zwar im Wattenmeer. Deshalb bezeichnet man das Wattenmeer auch als Drehscheibe des Ostatlantischen Vogelzuges. Millionen von Vögel, landen hier im Herbst zum Zwischenstopp. Dazu kommen die einheimischen Vogelarten. Basstölpel mit bis zu 170 cm Spannweite tauchen auf. Traurenten, Trottellumen und Tordalken sind am Start. Am besten sind sie morgens und abends entlang der Wander- und Radwege am Watt mit dem Fernglas zu sehen.

*Hinweise zu Führungen siehe jeweilige Orte/Erlebnisse.*

### ⑪ Quermarkenfeuer
| Aussichtspunkt |

Der rot-weiße Leuchtturm mit Jugendstilelementen ist nur 8,4 m hoch und diente mit seinen farbigen Lichtern ab 1906 als Leitfeuer für eine Kursänderung im Vortrapptief zwischen Amrum und Hörnum auf Sylt.

■ Südwestlich von Norddorf, Weg von der Vogelkoje zum Kniepsand

### ⑫ Setzerdüne
| Aussichtspunkt |

Schöne Ausblicke bietet die mit 32 m höchste Düne Amrums, die sogenannte A Siatler (Setzerdüne) südwestlich von Norddorf. Sie liegt zwischen Kniepsand und Norddorf bzw. Nebel im 8 km langen und 1 km breiten Naturschutzgebiet Amrumer Dünen, das man auf zahlreichen Bohlenwegen erkunden kann.

■ Parkplatz Halemwai

### ⑬ Naturzentrum Amrum
| Museum |

Nach dem Motto »Auf Sand gebaut« werden die Besonderheiten der Dünen und des Kniepsandes gezeigt. In fünf Meerwasseraquarien lassen sich u.a. Hummer und Seeskorpion in Aktion erleben, am Ende des Rundgangs werden die Aquarienbewohner gefüttert. Wattwanderungen, Strand- und vogelkundliche Führungen werden angeboten. Die Ausstellung »Hark Olufs – als Sklave verkauft, als General zurückgekehrt« beleuchtet Piraterie, Sklaverei und die Faszination der Orients. Eine zweite Ausstellung handelt vom Leben von und mit der Natur.

■ Norddorf, Strunwai 31, Tel. 046 82/16 35, www.naturzentrum-amrum.de, April–Okt. Fr–Mi 10–17, Nov.–März Mi, Fr–So 12–16 Uhr

# Amrum

*Scheinbar endlos: Spaziergänge durch das Naturschutzgebiet Amrumer Dünen zwischen Kniepsand und Norddorf*

### ⑭ Teerdeich und Marsch
| Naturschutzgebiet |

Vom Deich aus lassen sich im Frühjahr und Herbst riesige Vogelschwärme beobachten, die wie große Wolken über das Deichvorland schweben. Sie bestehen hauptsächlich aus Alpenstrandläufern, Knutts, Kiebitzregenpfeifern, Pfuhlschnepfen und Großen Brachvögeln. Von den Marschwegen sind fast alle Flächen gut einsehbar.
■ Nördlich Norddorf

### ⑮ Vogelschutzgebiet Amrum Odde
| Naturschutzgebiet |

Die seit 1936 unter Naturschutz stehende Odde umfasst die Nordspitze der Insel. Heide und Dünen sind Heimat zahlreicher, teils seltener Vogelarten. Amrum gilt als die vogelreichste Nordseeinsel. Auch Seehunde und Kegelrobben sind hier zu sehen. Vom Wärterhaus starten Führungen durch die Odde sowie durchs Watt hinüber nach Föhr.
■ Etwa 2 km nördlich Norddorf, www.jordsand.de, Führungen: Tel. 046 82/23 32, Mai–Okt. Di–So 10 Uhr

### Verkehrsmittel

Informationen zur **Anreise** auf S. 176
**Taxi** Taxi Harksen ■ Tel. 046 82/96 87 30
**E-Auto** AmrumTouristik verleiht zwei »halboffene« Elekroautos. ■ Reservierung: Tel. 046 82/940 30

### Parken

Außerhalb der Ortschaften gibt es Parkplätze.

## Amrum

### Restaurants

**€ | Fischbäcker** In zweiter Generation wird hier frischer Fisch verkauft, gekocht und serviert. Gerichte mit Fleisch sind auch im Angebot. ■ Lunstruat 13, Norddorf, Tel. 04682/4364, www.fischbaecker.de, Hauptsaison: Di–So 11.30–14.30, 17.15–20.30 Uhr, Nebensaison: So, Mo geschl., Plan S. 149 a2

**€€ | Likedeeler** Schon die Lage am Watt lohnt einen Besuch, dazu frische Muscheln, hausgemachte Nudeln und ein deftiger Seemannsschmaus. ■ Stianoodswai 29a, Steenodde, Tel. 04682/777, www.likedeeler-amrum.de, Mi–Mo ab 16 Uhr, Plan S. 149 b3

**€€ | Preesters Hüs** Traditionelle alte Fliesen, Omas Häkeldeckchen und ein alter Kachelofen verleihen dem Restaurant friesischen Wohnzimmercharakter. Spezialitäten des Hauses sind Kohlpudding und Labskaus. ■ Waasterstigh 17, Steenodde, Tel. 04682/995335, www.preestershues.com, Plan S. 149 b3

**€€ | Strand 33** Direkt am Norddorfer Strand, traumhafter Ausblick, italienisch inspirierte Küche und südafrikanische Weine. ■ Strunwai 33, Norddorf, Tel. 04682/961555, www.strand33.de, Do–Di 12–22 Uhr, Plan S. 149 a2

**€€ | Ual Öömrang Wiartshüs** Das alte Amrumer Wirtshaus – so die Übersetzung – mit Holzbalken und Friesenkacheln bietet hausgemachte Rouladen und Omas Fischpfanne. Im Friesenhaus kann auch preiswert übernachtet werden.
■ Bräätlun 4, Norddorf, Tel. 04682/9614500, www.uoew.de, Mi–Mo ab 17 Uhr, Plan S. 149 a2

*Einkehr mit Tradition: das Friesen-Café in Nebel*

# Amrum

## Cafés

**Café Schult** Seit 1880 ist das Café in Familienbesitz. Oma Hertha und Opa Enje's haben viele Rezepte hinterlassen, nach denen auch heute noch beste Rundstücke und Kuchen hergestellt werden. Drinnen ist es schön plüschig, im Sommer wird auch draußen serviert. ■ Ual Saarepswai 9, Norddorf, Tel. 046 82/22 34, www.cafe-schult.de, Mo–So 11–18 Uhr, Nebensaison Di geschl., Plan S. 149 b3

**Friesen-Café** Gemütlich sitzt der Gast im reetgedeckten Haus von 1745 oder im Garten. Die Kuchen und Torten sind ein Gedicht. ■ Uasterstigh 7, Nebel, Tel. 046 82/966 20, www.friesen-cafe.de, tgl. 11–18 Uhr, Plan S. 149 b3

## Einkaufen

**Amrumer Tee Kontor** Über 100 Teesorten mit vielen hausgemischten nordfriesischen Teespezialitäten, dazu Süßwaren und traditionelles Geschirr. ■ Inselstr. 13, Wittdün, 046 82/5 42, www.amrumerteekontor.de, Plan S. 149 b4

**Frische Krabben** Andreas Thaden, der einzige Krabbenfischer, verkauft in der Saison vormittags frisch vom Kutter. ■ Stianoodswai, Steenodde, www.fischvomkutter.de, Plan S. 149 b3

**Insel Goldschmiede** Amrum-Ringe sowie Ringe mit friesischem Liedzitat. ■ Lunstruat 1, Norddorf, Inselstr. 37, Wittdün, Tel. 046 82/5 64, www.rickmers-schmuck.de, Plan S. 149 a2 und b4

## Bühne

**Gemeindehaus Norddorf** Ganzjährig treten bekannte Künstler auf: von Pianist Justus Frantz über den Shantychor bis zu bekannten Comedians. ■ www.amrum.de, Plan S. 149 a2

## Kneipen, Bars und Clubs

(21) **Blaue Maus** Eintreten und wohlfühlen. Amrums älteste Kneipe ist Kult und als beste Whisky-Bar Deutschlands ausgezeichnet. Whisky-Seminare, Konzerte sowie beste Gespräche. ■ Inselstr. 107, Wittdün, Tel. 046 82/20 40, www.blauemaus-amrum.de, Fr–Mi 18–24 Uhr, Plan S. 149 b4

## Kinos

**Inselkino Lichtblick** Bis 2014 brachte der Inselflieger die Filmrollen, jetzt ist alles digital. In zwei klimatisierten Sälen werden aktuelle Filme gezeigt. ■ Triihuk 1, Norddorf, Tel. 046 82/962 00, www.kino-amrum.de, Plan S. 149 a2

## Kinder

**Abenteuerland Amrum** Mit 1300 m² ist es einer der größten Indoor-Spielplätze in Nordfriesland. Neben Kletterberg mit Riesenrutsche, Kletterlabyrinth, Hüpfburgen und Trampolin sind Fußballkicker oder auch Airhockey im Angebot. ■ Hoofstich 3, Norddorf, Tel. 046 82/96 86 64, www.boyens-amrum.de, Juni 12–17.30, Juli, Aug. Mo–Sa 10.30–17.30, So 12–17.30, Sept., Okt. tgl. 12–17.30 Uhr, Erw. 5 €, Kinder 9,50 €, Geburtstagskinder frei, Plan S. 149 a2

**Farbrausch** Keramik-Rohlinge wie Tassen, Teller oder Becher können hier selbst bemalt werden. ■ Smäswai 24, Nebel, Tel. 01 76/21045859, www.farbrausch-amrum.de, Mo–Fr 10–13, 14–17 Uhr, Rohlinge ab 5 €, Plan S. 149 b3

**Piratenfahrt** Mit der MS »Eilun« haben alle Kinder ab sechs Jahren großen Spaß und unvergessliche Erlebnisse. ■ Tel. 046 82/23 33, www.eilun.de, ab Wittdün, Plan S. 149 b4

# 13 Amrum

**Soccer Academy – Das Thomas Seeliger Fußball-Camp** Im Juli können kleine Fußballer zwischen sechs und 15 Jahren vier Tage von Ex-Profis lernen. ■ www.socceracademy.de, ab 119 €, Geschwister erhalten Ermäßigungen

 **Events**

**Biikebrennen** siehe Im Blickpunkt S.128 ■ Brennplätze sind in Wittdün, Norddorf, Nebel, Süddorf und Steenodde.

**Ringreitturniere** siehe Im Blickpunkt S.138 ■ Smäswai 19a, Nebel (Plan S. 149 b2) und Norddorf, nahe Abenteuerland, Plan S. 149 a2

**Sommerbühne – Das Norddorfer Dorffest** Gefeiert wird an einem Wochenende im Juli bei Livemusik und mit Kinderprogramm.

**Sonnenwendfeier auf Amrum** Trachtengruppen, Blaskapellen und Shantychor von Amrum. Dann geht es zum Feuer an den Strand. ■ Nebel, Strand, 21. Juni, 19 Uhr, Plan S. 149 a3

*Die Amrumer Friesentracht wird nur von Frauen und Mädchen getragen*

**Amrumer Leuchtturm-Tage** Malwettbewerb, Kinderprogramm, Einlass zum Leuchtturm bis 16 Uhr, Livemusik ab 19.30 Uhr. ■ Tanenwai 46a, Wittdün, ein Wochenende im August, Plan S. 149 b4

**Hafenfest** mit Musik und Kinderprogramm. Open Ship Seerettungskreuzer »Ernst Meier-Hedde« heißt es zudem. ■ Wittdün, Juli, Plan S. 149 b4

**Insellauf** Die Gesamtstrecke beträgt 28,5 km. Es gibt auch Etappen. ■ Juli, Anmeldung: Schullandheim Honigparadies, Ualaanj 1, Nebel, Plan S. 149 b3

## ADAC *Mobil*

Für den sicheren Heimweg bietet sich bei vielen Veranstaltungen der kostenlose **Disco-Bus** an. *www.amrum.de*

 **Erlebnisse**

**Führungen zur Amrum Odde** Von der Aussichtsplattform in den Dünen gibt es spannende Einblicke in das Vogelleben und schöne Ausblicke auf Föhr und Sylt. ■ Verein Jordsand, Tel. 046 82/ 23 32, www.jordsand.eu

**Insel- und Naturführungen** Zu Fuß oder mit Fahrrad ist man bei der Tour »Ich zeig' dir Amrum« von Inselkenner Chris Johannsen unterwegs. ■ Tel. 01 72/ 2730715, chris@etc.de

**Katamaran nach Helgoland** Bei einem Tagesausflug mit dem Katamaran MS »Adler Cat« kann Helgoland in 3 Std. erkundet werden. ■ Mo-Do 9.40 Uhr ab Wittdün, www.adler-schiffe.de

**Naturlehrpfad Düne** In Norddorf und Wittdün führen Pfade durch die Dünenlandschaft. Tafeln erklären ihre Entstehung und deren Zonierung.

**Von Insel zu Insel** Rainhard Boyens führt sicher von Amrum nach Föhr,

# Amrum 13

*Die Kleinen hoch zu Ross: Ausritte in freier Natur*

außerdem naturkundliche Führungen zur Nordspitze und Bootstouren zu den Seehundbänken. ■ Tel. 0171/788 87 27, www.wattwandern-amrum.de

 **Watt erleben** Das UNESCO-Weltnaturerbe unter den Füßen spüren – grandios! Die Schutzstation Wattenmeer bietet Wanderungen und Führungen an. ■ Tel. 04682/2718, www.schutzstation-wattenmeer.de

## Sport

**AmrumBadeland** Mit Wellenbad, Sauna, Solarium, Wellness und direktem Zugang zu Kniepsand und Nordsee lockt es v.a. Familien mit Kindern. ■ Am Schwimmbad 1, Wittdün, Tel. 04682/94 34 31, www.amrum.de, Di 10–22, Mi–So 10–18, Sauna zus. Mi–Fr bis 20, Nebensaison: Di–Fr ab 13 Uhr, Plan S. 149 b4

**Amrumspa** Trainieren mit Dünenblick, Kraft schöpfen mit Meeresbrise, Relaxen im Spa. ■ Am Schwimmbad 1, Wittdün, Tel. 04682/961 58 88, www.amrumspa.de, Plan S. 149 b4

**Reiten** Die Kleinen reiten auf Führponys, für Fortgeschrittene gibt es Ausritte in den Wald und an den Strand. ■ Reiterhof Andresen, Hoofstich, Norddorf, Tel. 0170/966 92 54, www.reiterhof-andresen-amrum.de, Plan S. 149 a2

**Stehpaddeln** Neben Kursen werden auch geführte Touren angeboten, u.a. bis Nebel. ■ Wittdün, in der Nähe zum Fähranleger Tel. 0171/3177693, www.sup-amrum.de, Plan S. 149 b4

**Surfschule Amrum** Surf-, Segel-, und Kitekurse am Badestrand in nördlicher Richtung kurz vor dem Hundestrand. ■ K.-J.-Clement-Wai 9, Norddorf, Tel. 0171/484 93 16, www.surfschule-amrum.de, Plan S. 149 a2

## ADAC *Mittendrin*

Ob in den Dünen, im Watt, über gefüllte Priele hinweg oder einfach nur am Strand: Fans der Trendsportart **Crossgolf** haben hier viel Platz.
*Auskunft bei AmrumTouristik*

*Ferienfreuden: Der Strand von Wyk ist kilometerlang*

## 14 Föhr

*Die große, grüne Insel hat auch Strand und Sinn für Kunst*

 **Information**

- Föhr Tourismus, Feldstr. 36, 25938 Wyk auf Föhr, Tel. 046 81/300, Mo–Fr 8–20, Sa, So 10–18 Uhr, www.foehr.de
- Parken siehe S. 159

Weißer Sand und noch mehr grüne Natur – so präsentiert sich die in einer milden Klimazone liegende Insel. Sie ist stolze 82 m² groß. Mehr als 200 km leicht zu befahrene Radwege stehen zur Verfügung. Alle größeren Orte liegen entlang des erhöhten Geestkerns und sind durch eine Ringstraße verbunden. Die 27-Loch-Golfanlage zwischen Wyk und Nieblum zählt zu den schönsten Norddeutschlands. Die Föhrer sind übrigens echte Sprachtalente.

Rund 3000 Insulaner – also mehr als ein Drittel der Bewohner – sprechen noch »Fering«. Das Föhrer Friesisch ist vor allem im Westen der Insel beliebt. Auf ins Ferienparadies für Familien!

 **Sehenswert**

### Nationalparkhaus
| Museum |
Herrliche Einblicke in die Welt des Watts, ganz interaktiv auf 300 m². Tipp: Fischfütterung Mo, Mi um 15 sowie Fr um 11 Uhr.
- Hafenstr. 23, Wyk, Tel. 046 81/42 90, www.npz-foehr.nationalparkservice.de, April–Okt. So–Fr 10–17.30, Nov.–März Do, Sa 14–17 Uhr, Erw. 3 €, erm. 1,50 €

### Robbenzentrum
| Ausstellung |
In Not geratene Robben werden aufgepäppelt und ausgewildert. Das Haus zeigt die liebenswerten Tiere mit

den Kulleraugen und informiert über ihre Lebenssituation.

◾ Achtern Diek 5, Wyk, Tel. 046 81/57 03 54, www.robbenzentrum-foehr.de, tgl. 15–17 Uhr, Führungen: Di, Do (Spende: 5 €), Robben-Notruf: Tel. 01 77/330 00 77 oder Tel. 01 57/75 05 42 19

## Planetenweg
| Skulpturenmeile |

Im Maßstab 1:400 Millionen haben Föhrer Astrofreunde einen rund 11 km langen Planetenweg von Wyk bis Utersum angelegt, der sich auch zum Geocaching eignet. Vom Wyker Leuchtfeuer aus (Sonne) über die Promenade Richtung Südstrand zu den inneren Planeten (Merkur, Venus, Erde, Mars) führt der Weg am Strand entlang und weiter über Bredland (Saturn), Goting (Uranus) bis Triibergem in Utersum (Neptun). Zwei Schritte auf dem Planetenweg entsprechen einer halben Million Kilometer im Weltall.

## Glockenturm
| Landmarke |

Der schlichte Turm von 1886 gilt als Wahrzeichen Föhrs. Einst wurden die Glocken geläutet, um die Bürger vor Sturmflut zu warnen.

◾ Große Str./Mittelstr., Wyk

## St. Nicolai
| Kirche |

Im heutigen Stadtviertel von Wyk, Boldixum, einst der Hauptort von Föhr, steht seit Mitte des 13. Jh. diese Kirche. Im hellen, mit spätgotischen Deckenmalereien geschmückten Innenraum fallen die schlichte Eichenholzstatue (um 1300) des Kirchenpatrons auf sowie der in Gotland hergestellte Taufstein.

◾ St. Nicolai Str. 10, Wyk, www.kirche-st-nicolai-foehr.de

## Dr.-Carl-Häberlin-Friesen-Museum
| Museum |

Als Tor dienen die Kieferknochen eines Blauwals. Im Inneren beeindruckt die reiche Sammlung von Alltagsgegenständen, Trachten, Gemälden und Grabungsfunden, die der berühmte Arzt der Meeresheilkunde begründete. Auf dem Freigelände stehen eine kleine Bockwindmühle von Langeneß und das Friesenhaus Olesen von 1617.

◾ Rebbelstieg 34, Wyk, Tel. 046 81/25 71, www.friesen-museum.de, Juli/Aug. tgl. 10–17, Mitte März–Juni, Sept./Okt. Di–So 10–17, Nov.–Mitte März Di–So 14–17 Uhr, Erw. 4,80 €, erm. 2,50 €

## Boldixumer Vogelkoje
| Freiluftmuseum |

Sie ist die rinzige von sechs Vogelkojen auf Föhr, die besichtigt werden kann. Nach niederländischem Vorbild wurde hier 1876 eine Wildentenfanganlage errichtet, heute ziehen sich Enten hier-

*Im Glockenturm läutete früher die »Bet- und Sturmglocke«*

# Föhr

her zurück, um zu brüten und ihre Küken aufzuziehen.

■ 3 km nördl. Wyk, April–Okt. Mo–Fr 10–12 Uhr, Spende erbeten

### Kunst der Westküste
| Museum |

 *Locker leicht wird große Kunst lebensnah gezeigt*

Mit ansprechendem Titel und ungewöhnlichen Bildern hat sich das Haus einen Namen gemacht. Es sind nicht nur Werke von Max Beckmann, Emil Nolde und Edvard Munch, die bezaubern, alle Bilder der dänischen, deutschen, holländischen und norwegischen Künstler haben Küste und Meer zum Thema. Danach Pause in Grethjens Gasthof im gleichen Gebäude.

■ Hauptstr. 1, Alkersum, Tel. 046 81/ 74 74 00, www.mkdw.de, März–Okt. Di–So 10–17, Nov.–Mitte Jan. Di–So 12–17 Uhr, Erw. 8 €, erm. 4 €, Führungen Di und Do 13.30 Uhr zzgl. 4 € pro Pers., in der Saison Busshuttle zum Hafen Alkersum

## *Gefällt Ihnen das?*

Dann besuchen Sie doch auch die **Kampener Galerien** (S. 107) auf Sylt oder die **Hof Galerie Sylt** (S. 76) im Westerländer Rathaus. Oder genießen Sie die Ausblicke, die die Maler einst festhielten, z. B. von den Dünen in **Rantum** (S. 79), am **Ellenbogen** (S. 116) und an der **Hörnum Odde** (S. 85).

### Nieblum
| Ortsbild |

 *Das schönste Dorf der Insel mit dem mächtigen Friesendom*

Ulmen und Linden säumen schmale kopfsteingepflasterte Straßen mit weißblauen Friesenhäusern in blühender Gärten. Es sind die einstigen Kapitänsresidenzen des 17./18. Jh. Hier entlang zu schlendern, ist ein Hochgenuss. Gemütliche Cafés liegen auf dem Weg. Im Norden des Ortes erhebt sich der Friesendom, die Kirche St. Johannis. Der im frühen 13. Jh. entstandene Backsteinbau mit Querschiff und wuchtigem Turm birgt im Inneren einen seltenen Taufstein (um 1200).

### St. Laurentii
| Kirche |

Der romanische Feldsteinbau aus dem 12. Jh. erhielt seine heutige Form im 17. Jh. und ist eine der bedeutenden Kirchen Föhrs. Zwei Taufsteine sind zu bewundern: ein romanischer aus Granit und ein marmorner von 1752. Es werden unterhaltsame Führungen angeboten, auch über den Friedhof.

■ Sarkstigh, Süderende, Tel. 046 83/3 50, www.st-laurentii.de, tgl. 9–18 Uhr, Friedhofsführungen Mai–Sept. Do 10 Uhr

## ADAC *Wussten Sie schon?*

Auf Föhr gibt es **sprechende Grabsteine**. Die kunstvoll verzierten Monumente auf dem Friedhof St. Laurentii halten die Erinnerung an die goldene Ära der Insel aufrecht. Ein Stein ehrt den Walfänger Matthias Petersen, der 373 Wale erlegte. Aus heutiger Sicht allerdings ein fragwürdiger Rekord.

### 🚏 Verkehrsmittel

**Anreise** siehe S. 176
**Öffentliche Verkehrsmittel** Die acht Buslinien der W.D.R. verkehren mehrmals täglich zwischen den Inseldörfern, dem Fähranleger sowie im Stadtver-

*Einladend: In reetgedeckten Häusern gibt es Geschäfte und Gastronomie*

kehr von Wyk, Fahrräder werden nicht mitgenommen. ■ www.faehre.de/fahrplaene/

## ADAC *Mobil*

Am An- und Abreisetag gilt die **DB-See-Fahrkarte** (Bahn & Schiff) auch für die einmalige Fahrt im Linienbusverkehr auf Föhr vom bzw. zum Fähranleger in Wyk.

**Taxi** Taxi King, Tel. 046 81/44 20 und 08 00/194 10 10 (kostenfrei aus dem Festnetz), www.der-insulaner-foehr.de und Taxi Korf, Tel. 046 81/37 05 und Freecall 0800/111 37 05 (kostenfrei aus dem Festnetz), www.taxi-korf.com

 **Parken**

Neben vielen kleinen, kostenpflichtigen Stellflächen sind in Wyk zwei große **kostenfreie Parkplätze** vorhanden: Heymannsweg in Hafennähe, AQUAFÖHR im Stockmannsweg 1.

 **Restaurants**

**€ | Altes Landhaus** Im historischen Friesenhaus wird seit über 60 Jahren regional und saisonal gekocht. Spezialität sind Lamm- und Fischgerichte. Große Kinderkarte. Mittags besonders günstig. ■ Bi de Süd 22, Nieblum, Tel. 046 81/25 72, www.landhaus-nieblum.de, Mi–Mo 12–14 und ab 18 Uhr

**€ | Die Fischerei Föhr** Vom Fischbrötchen zum Mitnehmen bis zum fangfrisch zubereiteten Fisch ist alles zu empfehlen. Salate und Saucen sind hausgemacht. ■ Mühlenstr. 10, Wyk, Tel. 046 81/746 19 29, www.die-fischerei-foehr.de, Mo–Sa 12–14, 17–20 Uhr

**€ | Pfannkuchen-Haus** Pfannkuchen in 40 Varianten bietet das Café-Restaurant im Prinzenhof, der Ferienwohnungen vermietet. ■ Gmelinstraße 29, Wyk, Tel. 046 81/765, www.prinzenhof.inselseiten.de, tgl. ab 12 Uhr

**€€€ | Alt Wyk** Das mit einem Michelin-Stern dekorierte Restaurant bietet hervorragende, kreative Küche mit

Produkten der Saison. ■ Große Str. 4, Wyk, Tel. 046 81/32 12, www.alt-wyk.de, Mi–So ab 18, Fr–So auch 12.30–14.30 Uhr, Hauptsaison auch Mo ab 18 Uhr

€€€ | **NAMINE WITT Genusshandwerk Föhr** Ob gediegene Menüs im Restaurant oder legerer im Bistro, der Genuss ist in beiden garantiert.
■ Alkersumer Stieg 4, Nieblum, Tel. 046 81/964 35 23, www.naminewitt.de

 **Cafés**

**Café Kohstall** Im ausgebauten Kuhstall gibt es frisch gebackene Waffeln und Kuchen. Freitags wird Salzwiesenlamm gegrillt, dienstags Spanferkel.
■ Jens-Jacob-Eschel-Str. 12, Nieblum, Tel. 046 81/51 12, www.cafe-kohstall.de, Sommer: Di–So 13.30–18.30 Uhr, Winter: Mi–So 13.30–18 Uhr

**Föhrer Teestube** Café mit knisterndem Kamin, Terrasse und Bauerngarten, in dem selbst gemachte Torten (auch vegan und glutenfrei) sowie Kartoffelwaffeln der Renner sind. »Föhrer Kerzenscheune« und »Spielgolfanlage« sind mit auf dem Areal. ■ Poststraat 7, Nieblum, Tel. 046 81/58 01 43, www.hofpergande.de, tgl. 13–18 Uhr

**Klein Helgoland** Wandkacheln schmücken den Raum, der Blick schweift über den Yachthafen aufs Meer. Da schmecken selbst gebackene Kuchen gut. Tipp: Trümmertorte mit Mandeln.
■ Achtern Diek 14, Wyk, Tel. 046 81/ 747 16 73, www.cafe-klein-helgoland.de, März Fr–So 11–20, ab April tgl. 11–21 Uhr

 **Einkaufen**

**Bauernmarkt** mit ausschließlich Föhrer Produkten. ■ Rathausplatz, Wyk, Mi, Sa 9–12 Uhr

**Dorfmarkt** Kunstgewerbe und Naturalien. ■ Oevenum, Do 10–12.30 Uhr

**Feinkäserei Matzen** Spezialisiert auf selbst hergestellte Ziegenprodukte wie

*Dem Wasser ganz nah: Auf der Seebrücke lässt es sich verweilen*

Käse und Wurst. ■ Aussiedlungshof 7, Oevenum, Tel. 04681/50 11 90, www.foehrer-ziegenkaese.de
**Föhrer Teekontor** Die Friesen-Teespezialitäten sind nach eigenen Rezepturen zusammengestellt und täglich frisch gemischt. ■ Mittelstr. 35, am Glockenturm, Wyk, Tel. 04681/58 00 65, www.foehrerteekontor.de
**Marmelade & Co.** Hausgemachte Fruchtaufstriche, Chutneys, Gewürzmischungen, Essig und mehr. ■ Haus 37a, Oldsum, Tel. 04683/963 97 50, www.marmelade-und-co.de
**Oevenumer Hofladen** Alles vom Schaf und Lamm, Bio-Gemüse und Kartoffeln vom eigenen Betrieb. In der Saison Di 10.30 Uhr öffentliche Schafschur. ■ Buurnstrat 46, Oevenum, Tel. 04681/57 01 76
**Wyker Fischmarkt** Verkauft wird alles vom Fischbrötchen bis zu Souvenirs. ■ Ostkaje, Binnenhafen Wyk, Ostern–Okt., So 11–15 Uhr, www.fischmarkt-wyk.de

## ADAC *Mittendrin*

> Körbe voller Köstlichkeiten für ein **Strandpicknick** hält die Speisekammer Föhr bereit. Dazu gehören zwei Regalwände voller kulinarischer Entdeckungen der nordischen und internationalen Küche. Syderstr. 8, Wyk, www.speisekammer-foehr.de

 **Kneipen, Bars und Clubs**

**Alte Druckerei – Die Weinstube** Zum Wein werden Flammkuchen und Käseteller gereicht. Abends oft Livemusik und Lesungen, Kabarett oder auch Theater. ■ Mittelstr. 17/Hinrichsengang, Wyk, Tel. 04681/74 86 00, www.dasweinkontor.com, tgl. ab 12 Uhr

*Nicht nur im Sommer frequentiert: der Fähranleger vom Wyker Hafen*

**Coozy** Coole Bar, viel junges Publikum. ■ Hafenstr. 2–4, Wyk, Tel. 04681/992 99 94, www.coozy-foehr.de, tgl. ab 17 Uhr
**Wyk's Heimathafen** Rustikale Hafenkneipe, eine ehemalige Werkstatt der Wyker Dampfschiff-Reederei. ■ Hafendeich 9, Wyk, Tel. 01 71/630 63 09, Juni–Sept. Mi–Sa ab 19.30, Okt.–Mai Fr, Sa ab 19.30 Uhr

 **Kinder**

**Bowlingcenter Bi Jaine** Bowlen nicht nur an Kindergeburtstagen. ■ Taarepswoi 16, Borgsum, Tel. 04683/96 39 63, www.jaine.de, Di–So tgl. ab 17.30 Uhr
**Föhrer Kerzenscheune** Hier können Kerzen selbst gezogen werden. ■ Post-

straat 7, Nieblum, Tel. 01 52/33 56 92 95, www.hof-pergande.de, tgl. ab 12 Uhr

**Freizeitspaß auf dem Bauernhof** Swin- und Fußballgolf, Carrerabahn, Buggy racing und kleine Elektrotrecker für Kinder, Streichelzoo und Hofcafé. ■ Hinrichsen, Aussiedlung 23, Dunsum, Tel. 046 83/963 49 79, www.hinrichsens-farm.de, Mo–Mi, Fr, Sa 10–19, So 14–19 Uhr

**Fun- und Spielpark** Auf 2200 m² gibt es Karussell, Wellenrutsche, Trampolin u.v.m. ■ Achtern Diek 5–7, Wyk, Tel. 046 81/746 22 00, www.foehrfun.de, tgl. 12–19 Uhr, Erw. 5,50 €, Kinder 10 €

**Kinder-Uni Föhr** Hochschulprofessoren halten Vorträge, Einheimische vermitteln ihr Wissen zu spannenden Themen – alles kindgerecht. ■ An unterschiedlichen Orten, Tel. 046 81/300, www.foehr.de/kinderuni-foehr, Juni–Sept.

**Minigolf** Bunte Bahnen wecken die Sportsgeister mit so einigen Hindernissen. ■ Minigolfplatz Wyk, Stockmannsweg 2, Tel. 046 81/34 55 oder 506 42, www.foehrervermietung.de; Im Garten des Kliff-Cafés, Klaffwai 61, Goting-Kliff, Tel. 046 81/36 60, www.kliff-cafe.de, Mitte März–Okt. tgl. ab 10 Uhr, Erw. 3 €, erm. 2,50 €

**Piratenfahrt oder Seehundbänke** Seehunde beobachten oder bei der Piratenfahrt einen Schatz suchen, das erfreut die Kleinen. Dabei werden auch Knoten geübt und Seeräubergeschichten gehört. ■ Ab Alte Mole, Hafen Wyk, www.wdr-wyk.de

**SpielGolfanlage** Neun naturnahe Kunstrasen-Bahnen sind zu bewältigen. ■ Poststraat 7, Nieblum, Tel. 01 52/33 56 92 95, www.hof-pergande.de, tgl. ab 12 Uhr

*Das Jazz-Festival im Juli ist international besetzt*

##  Events

**Biikebrennen** Am 21. Februar werden an 14 Orten die traditionellen Feuer entzündet (siehe Im Blickpunkt S. 128).
**Osterfeuer** Romantisches Knistern am Strand bei »Schapers« mit Livemusik und Tanz. ■ Südstrand, Wyk, www.foehr.de/ostern, Ostersamstag
**Föhr-Marathon** Marathon, Halbmarathon, Langschläfermarathon und Kinderlauf – Teilnehmer und Zuschauer finden das Passende für sich. ■ www.foehr-marathon.de, April
**Deutsches Bridgefestival** Eine Woche lang ist der Kurgartensaal fest in der Hand der Bridge-Spieler. ■ www.bridge-verband.de, Mai/Juni
**Jazz goes Föhr** Bis in die Nächte jammen internationale Musiker. ■ www.jazzgoesfoehr.de, Juli
**Ringreiten** Der traditionelle Pferdesport findet in Midlum, Oevenum, Nieblum, Oldsum statt (siehe Im Blickpunkt S. 138).
**Hafenfest mit Feuerwerk** Am Ende des zweitägigen Hafenfests »Föhr on Fire« gibt es Feuerwerk und Musik. ■ www.foehr.de/foehr-on-fire, Aug.

## ADAC *Wussten Sie schon?*

> **Feuerwerke** samt Himmelslaternen und Signalmunition sind auf Sylt und Amrum verboten. Wer zu Silvester dennoch knallt, muss mit 50 000 € Strafe rechnen. Bei den vielen Reetdächern ist die Brandgefahr zu hoch.

**Wyker Straßen- und Kleinkunstfestival** An einem Wochenende im September verwandeln sich die Straßen in eine Bühne für Gaukler aus ganz Europa. ■ www.foehr.de/highlights

*Eines der großen Highlights: Wattwandern von Wyk nach Amrum*

##  Erlebnisse

**E-VW-Käfer mieten** Mit einem liebevoll restaurierten, auf elektrischen Antrieb umgerüsteten VW-Käfer Föhr erkunden. ■ WKF Westküstenflug, Tel. 046 81/81 39, www.westkuestenflug.de
**Rund- und Fotoflüge** Zusätzlich zu den »Bedarfs-Linienflügen« (S. 177) werden in der Saison auch Rundflüge angeboten. ■ Westküstenflug, Am Flugplatz 18, Tel. 046 81/81 39, www.westkuestenflug.de
**Wattwandern** In Dunsum starten fast täglich Wattwanderungen zu den Seehundbänken. Beliebt ist der etwa 8 km lange Fußmarsch zur Nachbarinsel Amrum. Bitte niemals ohne Wattführer allein losgehen (siehe Im Blickpunkt S. 144)!

##  Sport

**Angeln** Der Sportfischerverein Föhr fischt am Schöpfwerk Oldsum Hechte, Karpfen, Schleien und Zander. Utersum unterhält Fischteiche. Gastanglerkarten: in den Touristeninformationen von Wyk, Utersum, Nieblum, am Inselkiosk in Wyk und in der Tankstelle Nieblum. Urlauber erhalten beim Ordnungsamt Föhr-Amrum für 20 € einen »Urlauberschein«. ■ Hafenstr. 23, Wyk, Tel. 046 81/50 04-0, www.amt-foehr-amrum.de, www.sfv-foehr.de

**Ausritte im Watt** Hier wird klassische englische Reitweise gelehrt. Wer sich vertraut gemacht hat, darf übers Land und ins Watt ausreiten. ■ Grevelinghof, Grevelingstieg 12, Nieblum, Tel. 046 81/591 84, www.grevelinghof.de

**Aquaföhr** Wellenbad, Saunalandschaft, dazu Fitnessstudio mit Meerblick und Thalassoanwendungen sind hier vom Feinsten. Das Bistro Aquamarin an der Promenade bietet beste Blicke auf die Nordsee. ■ Stockmannsweg 1, Wyk, Tel. 046 81/30 48, www.aquafoehr.de

**Cross Golf** Auch Anfänger bekommen eine Chance. Übrigens wird alle zwei Jahre das nördlichste Cross-Golf-Turnier Deutschlands veranstaltet. ■ Buurnstraat 16, Oevenum, Tel. 01 60/896 24 67, www.parteepeople.de

**Golf** Alle Bahnen der drei Neun-Loch-Runden starten und enden am Clubhaus. Die Anlage zwischen Wyk und Nieblum hat sportlichen Anspruch und zählt zu den schönsten in Norddeutschland. Gäste willkommen ab einer Clubvorgabe von mindestens 54. ■ Grevelingstieg 6, Nieblum, Tel. 046 81/58 04 55, www.golfclubfoehr.de

**Inselritt und Reittherapie** Von Lehrgängen für Reitabzeichen bis zu Ausritten und Reittherapie gibt es die

ganze Bandbreite. ■ Bi de Kark 13 (Büro), Wrixum, Tel. 046 81/50 15 88, www.reitimpulse.de

**Islandpferde** Hausgäste haben beim wöchentlichen Reitprogramm Vorrang, externe Gäste erfahren So um 18 Uhr vor Ort, ob noch Plätze frei sind. ■ Lerchenhof Reiterhof-Reiterpension, Lerchenweg 17, Wyk, Tel. 046 81/44 33, www.lerchenhof-foehr.de

**Reiten bei Sonnenuntergang** Reitunterricht und ein vielfältiges Programm an Ausritten für Anfänger und Fortgeschrittene. ■ Reitstall Christiansen, Kirchweg 9, Alkersum, Tel. 046 81/39 67, www.inselgestuet-christiansen.de

**Segeln und Surfen** Windsurfing Föhr bietet Anfänger- und Fortgeschrittenenkurse an. ■ Promenade Nr. 13, Wyk, Tel. 046 81/74 78 12, www.windsurfing-foehr.com

# Helgoland

*Die Hummerbuden am Hafen beherbergen heute Cafés, Kneipen und kleine Läden*

## 15 Helgoland

*Reizvoll wegen Natur und Meer und absolut pollenfrei*

### Information

 Helgoland Touristik, Lung Wai 28, Rathaus, 27498 Helgoland, Tel. 047 25/ 813 70, www.helgoland.de und www.radiohelgoland.de

Mit zweistelligen Zuwachsraten eilt die Insel von Rekord zu Rekord: Mehr als 350 000 Besucher kommen im Jahr. Ihre Beliebtheit hat nicht nur mit den verbesserten Schiffsverbindungen zu tun. Es ist die Abgeschiedenheit in der Nordsee, die der gerade 1,7 km² große Felsen bietet, zusammen mit viel Natur und reiner, pollenfreier Luft. Die bis zu 61 m hohe Abbruchkante schimmert bei entsprechendem Lichteinfall rötlich. Viele Gäste genießen auch die beiden Sandstrände auf der vorgelagerten Badedüne. Die Anfänge des Bäderwesens im frühen 19. Jh. erlebte Helgoland unter britischer Herrschaft. Erst 1890 ging die Insel bei einem Tauschgeschäft von Überseegebieten in deutschen Besitz über, fiel im Zweiten Weltkrieg wieder an die Briten, die die zerbombte Insel 1952 zurückgaben.

###  Sehenswert

#### Hummerbuden
| Landmarke |
41 farbig gestrichene Holzhäuschen waren einst Lager für Hummerkörbe und Netze. Heute werden die Buden an Bewerber vergeben, die zu »Kunst,

Kultur und Knieper« passen: Galerien, Boutiquen, Kunsthandwerk- und Antiquitätengeschäfte. ■ Invasorenpfad

## Hafen
| Promenade |

Rings um den Hafen, dessen Umfassungsmauer das künstlich aufgeschüttete sandige Unterland im Süden der Insel rahmt, sind Läden für zollfreien Einkauf geöffnet. Elektromobile stehen für Fahrten auf der autofreien Insel zur Verfügung. Eine Büste erinnert an Hoffmann von Fallersleben. Der dichtete 1841 auf Helgoland, als es britisch war, das »Lied der Deutschen«, die spätere Nationalhymne.

## Museum Helgoland
| Museum |

Spannend erzählte Vergangenheit, u. a. mit einer Fotoausstellung von Franz Schensky, dazu im Museumshof nachgebaute Hummerbuden mit Geschichten zum auf der Insel geborenen Kinderbuchautor James Krüss.

■ Nord-Ost-Gelände, Kurpromenade 1430, Tel. 047 25/12 92, www.museum-helgoland.de, Mitte April–Okt. tgl. 10–14.30 Uhr, Erw. 4 €, erm. 2 €

## Rote Klippen mit Langer Anna
| Naturdenkmal |

 *Roter Symbolfelsen mit einmaliger Vogelwelt*

Vom Ort aus führen Wege auf das grüne Hochplateau des Oberlandes, das auf den Steilklippen ruht, den Roten Klippen. Der aussichtsreiche Klippenrandweg (3 km, etwa 1 Std.) führt an der Abbruchkante entlang, die mit Mauern gesichert ist. Von seinem nördlichsten Punkt sieht man die 20 m vor der Küste aufragende Felsnadel namens Lange Anna. In ihren Nischen haben sich unzählige Trottellummen und viele andere Vogelarten eingenistet. Der Themenpfad Natur informiert auf großen Tafeln. Auch der Geschichtspfad mit 16 Stationen ist zu empfehlen (QR-Codes auf den Tafeln). Die Helgoland-Touristik hat für beide Broschüren.

## Lummenfelsen
| Naturschutzgebiet |

Zur Brutzeit im Frühjahr sammeln sich mehr als 30 000 Seevögel. Nirgendwo sonst in Deutschland brüten nordatlantische Hochseevögel. 7000 Paare der Dreizehenmöwe und fast 2500 Trottellummenpaare ziehen hier ihren Nachwuchs groß. Tordalke, Eissturm-

vögel und Basstölpel brüten. Wen wundert es, dass der Lummenfelsen die größte Brutvogeldichte Deutschlands aufweist?

## Luftschutzbunker
| Denkmal |
Im Zweiten Weltkrieg wurde Helgoland zur Seefestung ausgebaut. Mit rund 1000 Flugzeugen griff die britische Royal Air Force am 18./19. April 1945 die Insel an. Bei einer einstündigen Bunkerführung wird daran erinnert.
■ Helgoland-Touristik im Rathaus, Führungen: Mo–Sa 16.30 Uhr, außerdem Di, Sa, So 10 Uhr, Anmeldung: Tel. 047 25/808 13

## St. Nicolai
| Kirche |
Schon vom Schiff aus ist das Haus im Oberland zu sehen. Urlauber sind zu Gottesdiensten willkommen. Von Mitte Mai bis Sept. gibt es oft Konzerte – was für ein Klangerlebnis.
■ Schulweg 648, www.kirche-helgoland.de, März–Okt. geöffnet

## Düne
| Strand |
Die vorgelagerte Sandbank war bis 1720/21 mit der Insel verbunden. Heute muss man mit einem Boot übersetzen. Im Zentrum der Düne liegt ein kleines Flugfeld, zwei großzügige und nie

*Mit ihrem roten Felsgestein ragt die Insel Helgoland eindrucksvoll aus der Nordsee*

überlaufene Sandstrände laden zum Sonnen und Baden ein.

■ Die Dünenfähre fährt im Sommer halbstündl. von 8–19 Uhr, danach stündl. zur vollen Stunde: April–Mitte Juni bis 21, Mitte Juni–Mitte Sept. bis 23, Mitte Sept.–Okt. bis 21 Uhr; im Winter: 8–12 und 13–16 Uhr

 **Verkehrsmittel**

**Anreise** siehe S. 177
Fahrkarten sind (auch) über die Helgoland Touristik erhältlich.
■ Anreiseplaner, Tel. 047 25/81370, www.helgoland.de/service/anreiseplaner.html

### ADAC *Wussten Sie schon?*

Wer mit dem Seebäderschiff nach Helgoland fährt, wird von Holzkähnen, den »Bötebooten«, an den Kai und zurück zum Schiff gebracht. Kaum weht der Wind etwas stärker, wird das Helgoländer Ritual des **Ausbootens**, das seit 1826 existiert, ziemlich wackelig.

 **Restaurants**

€ | **Aquariumcafé Helgoland** Hier findet jeder was Leckeres. ■ Aquariumstr. 186, Tel. 047 25/64 03 39, www.aquariumcafe-helgoland.de

€ | **Dünenrestaurant** Schmackhafte Hausmannskost, super Currywurst und eine riesige Eiskarte. ■ Düne, Tel. 047 25/544, April–Okt.

㉕ €€ | **Rickmers Galerie Restaurant** Mit Blick über den Hafen, auf Reede und Düne genießt der Gast Rind, Fisch oder kulinarische Raffinessen wie Knieper-Sushi, Entencurry oder »Gerichte mit Geschichte« von Küchenchef Jens Ramke. Spannend sind auch die Gemälde zur Geschichte der Insel. In einer der kleinen Hummerbuden am Hafen serviert Rickmers Seafood »Helgoländer Knieper« (Scheren des Taschenkrebses – eine Spezialität) und frische Austern. Eine Delikatesse ist fangfrischer Hummer. ■ Am Südstrand 2, Tel. 047 25/81 41 25, www.klippen-kulinarik.de und www.rickmers-galerie-restaurant.de

 **Kinder**

**Aquarium** Aus dem Aquarium wird bald »Atlantis 4.0«. Dann sind die Ergebnisse der Meeresforschung noch besser zu erleben.
■ Kurpromenade, Tel. 047 25/81 92 28, www.helgoland.de

**»Luuke Nons – schau mal«** Für Kinder gibt es Spannendes zu erleben. Wie wär's mit einer Besichtigung des Seenotrettungskreuzers, des Inselkrankenhauses oder der Inselbäckerei?
■ Kinder 8–16 Jahre, Anmeldung in der Helgoland Touristik, Rathaus, Tel. 047 25/813 70, info@helgoland.de, Juli, Aug., kostenlos

 **Events**

**Befreiung** Gefeiert wird der Tag der Inselfreigabe am 1. März 1952.

**Osterfeuer und Volkstanz** Das Osterfeuer wird am Samstag auf der Düne hergerichtet. Ostersonntag treten dann Karkfinken und die Volkstanz- und Trachtengruppe auf.

**Helgoland Marathon** Der Streckenverlauf führt um die gesamte Insel.
■ www.helgolandmarathon.de, Mai

**Pfingstregatta** Top-Segler auf Weltklasse-Niveau sind zu sehen. ■ www.nordseewoche.de, Mai, Juni

*Börteboote bringen Passagiere zum komfortablen Seebäderschiff »Funny Girl«*

**Lummensprung** Die noch flugunfähigen Lummenküken folgen den Rufen ihrer Eltern und stürzen sich Ende Juni die steilen roten Klippen hinunter. Luftsäcke im Körper und das flaumige Federkleid mildern den Aufprall.

**Hafenfest** Musik und Unterhaltung sowie allerhand Spezialitäten. ■ Hafenstraße, Juni

**Helgoländer Kultursommer** Alles rund um James Krüss und Hoffmann von Fallersleben; dazu gibt es auch Helgoländer Leuchtturm-Gespräche.

**Helgoländer Vogeltage** Beim »Bird Race« versuchen Teams aus Laien und Experten, möglichst viele Vogelarten zu beobachten. Alle besonderen Vögel werden registriert und auf der Homepage der Ornithologischen Arbeitsgemeinschaft Helgoland veröffentlicht.
■ www.oag-helgoland.de, Oktober

 **Erlebnisse**

**Fahrten zum Offshore Windpark Meerwind Süd/Ost** Einmal im Monat wird auf einer Ausflugsfahrt alles über die 80 Windenergieanlagen erzählt.
■ Fahrkarten Tel. 04 61/864 44, bei der Kurverwaltung Helgoland oder bei FRS Helgoline Fahrkartenschalter in Hamburg, Wedel, Cuxhaven und auf Helgoland, www.helgoline.de, Mai–Sept.

**Führungen im Ökolabor** Das Alfred-Wegener-Institut (Ostkaje 1118) bietet Einblick in das »Hummer-Projekt« und den Betrieb des Tauchzentrums. ■ Center for Scientific Diving, Haus B, Am Binnenhafen 1117, www.awi.de, Tickets Helgoland-Touristik, April–Okt.

**Vogel- und naturkundliche Führungen** Führungen am Lummenfelsen und auf der Düne bietet der Verein Jord-

sand. ■ Hummerbude 35, Tel. 047 25/77 87, www.jordsand.eu
**Vogelwarte Helgoland** Seminare und Führungen durch den Fanggarten sind im Programm. ■ An der Sapskuhle 511, Tel. 047 25/640 20, www.vogelwarte-helgoland.de, 15. März–Ende Okt. Di, Fr 16.30 Uhr, Anmeldung nicht erforderlich, Treffpunkt Eingang der Inselstation
**Wurfsaison der Kegelrobben** So nah wie auf Helgolands Düne, auf der sich meist 30–70 Tiere aufhalten, kann man wild lebenden Robben wohl nirgends in Deutschland begegnen (aus nur 30 m Entfernung). Zwischen Nov. und Jan. werden rund 300 Kegelrobben auf der Düne geboren.

##  Sport

**Angeln** Handangeln von Land ist mit dem Urlauberfischereischein möglich, aber nicht von der Düne aus. Angelfahrten mit Börtebooten bucht man direkt bei den Fischern in den Hummerbuden am Binnenhafen. ■ Börteboot »Uranus«, Tel. 01 60/96 86 71 92, »Rasmus«, Tel. 01 72/789 02 58, »Claudia«, Tel. 01 70/163 61 15
**Boule** Öffentlicher Bouleplatz neben der Nordseehalle. ■ ganzjährig
**mare frisicum spa helgoland** Der Innenpool mit dem brodelnden Geysir ist durch einen Gang mit dem Außenbecken verbunden. Die Saunalandschaft lockt mit einmaliger Aussicht. Auf dem Dach kann vom Whirlpool aus auf Meer, Badedüne und den roten Felsen geblickt werden. Grünflächen laden zum Sonnenbaden ein, kleiner Kinderspielplatz und ein Beach-Volleyball-Platz sind auch vorhanden. ■ Kurpromenade, Tel. 047 25/814 60, www.helgoland.de

##  Einkaufen

Helgoland ist **zollfreie Zone**. Auf das Festland dürfen pro Person Waren bis zu 430 € eingeführt werden (Kinder und Jugendliche unter 15 Jahren bis zu 175 €). Beliebte Souvenirs sind Feuerstein und dänisches Porzellan. Es gelten folgende Freimengen: 4 l Wein und 1 l Spirituosen über 22 % Alkoholgehalt, 200 Zigaretten oder 50 Zigarren oder 250 g Rauchtabak (ab 17 Jahren). ■ Infos: Zollamt Helgoland, Tel. 047 25/304

##  Kneipen, Bars und Clubs

**Cohibar** Hier klingt der Abend hochprozentig aus: Neben Rum, Whisky, Gin und einer ausgesuchten Auswahl von Zigarren sind auch Cocktails im Angebot. ■ Lung Wai 23, Tel. 047 25/81 31 31, www.seehotel-helgoland.de, ab 17 Uhr

##  Kinos

Das feine Kino mit 32 Plätzen ist eines der kleinsten weltweit. ■ Nordseehalle, Kurpromenade, www.hochseekino.de

*Silbermöwen brüten an Steilküsten*

# Übernachten

Unverwechselbar übernachten – so könnte hier das Motto lauten. Mal ist es das Bauernhaus, mal das Dorfhotel, das die besondere Atmosphäre pflegt. Hier werden Aquarellkurse offeriert, da stehen alte Möbel als schmucke Relikte vergangener Zeiten im Haus. Es sind aber auch die liebevollen, authentischen Gastgeber und der Blick auf die Insel, die den Besuch einzigartig werden lassen.

## Hallig Hooge .................................. 142

€ | **Frerks Buernhus** Direkt am Deich, gemütliche Zimmer, dazu Sauna und üppiges Frühstück. Am Nachmittag schmeckt der selbst gebackene Kuchen auf der Terrasse. ■ Lorenzwarft, 25859 Hooge, Tel. 048 49/2 54, www.hallighotel.de

€ | **Pension Hus Halligblick** Sieben Zimmer, drei Apartments, Sauna und Weitblick. ■ Backenswarft, 25859 Hooge, Tel. 048 49/222, www.hus-halligblick.de

## Amrum .................................. 146

€ | **Dorfhotel Ütjkiek** Blick auf die Nordspitze. Das Haus ist mit Amrumer Erinnerungsstücken dekoriert. ■ Ual Jaat 4, 25946 Norddorf, Tel. 046 82/20 42, www.uetjkiek.de, Plan S. 149 a2

€ | **Frühstückshotel Ekke Nekkepenn** Gemütliche Zimmer Im historischen Ortskern von Nebel. ■ Waasterstigh 19, 25946 Nebel, Tel. 046 82/945 60, www.ekkenekkepenn.de, Plan S. 149 b3

€€ | **Hotel Pidder Lyng** Kleinod am Wattenmeer, mit bestem Frühstück und kleinem Wellnessbereich. ■ Bideelen 5, 25946 Norddorf, Tel. 046 82/944 40, http://pidderlyng.de, Plan S. 149

€€ | **Inselhotel Kapitän Tadsen** Nur 200 m vom Strand entfernt und in Spazierweite von Wittdün und Nebel. Im Restaurant Weltenbummler friesische Küche und feine Weinauswahl. ■ Stianoodswai 17, 25946 Steenodde, Tel. 046 82/94 24 40, www.inselhotel-tadsen.de, www.weltenbummler-amrum.de, Plan S. 149 b3

€€ | **Mein Inselhotel** Im skandinavischen Stil, ruhig, tolles Frühstück. Fahrräder kostenlos. ■ Madelwai 4, 25946 Norddorf, Tel. 046 82/945 00, www.mein-inselhotel.de, Plan S. 149 a2

## Föhr .................................. 156

€ | **Bauernhöfe** Auf Föhr können rund 60 Bauernhäuser gemietet werden, zudem 40 Aussiedlerhöfe in den Marschwiesen. Kinder können spielen, toben und entdecken. ■ www.foehr.de/urlaub-auf-dem-bauernhof

€ | **Café und Hotel Osterheide** Familiär nostalgisch, ruhig gelegen, mit großer Sonnenterrasse und nur rund 600 m vom Strand entfernt. Die Spezialität des Cafés: Bienenstich und Pfirsich-Aprikosen-Streusel. ■ Heidweg 18, 25938 Nieblum, Tel. 046 81/28 95, www.foehr-hotel-osterheide.de

€ | **Duus-Hotel** Zentral am Hafen in der Wyker Altstadt. ■ Hafenstr. 40, 25938 Wyk auf Föhr, Tel. 046 81/598 10, www.duus-hotel.de

€ | **Hoftel Föhr** Alle großen und hellen Zimmer des ehemaligen Bauernhofs haben freien Blick über grüne Wiesen. Die gemütliche Tenne mit Spielecke, großer Terrasse und angrenzender Wiese sowie die frei zugängliche Wohnküche stehen allen Gästen offen. Yoga-Retreats für Mama und Baby sowie Kurse in Aquarellmalerei. ■ Nieblumweg 26, 25938 Alkersum, Tel. 046 81/746 12 80, www.hoftel-foehr.de

€€ | **Landhaus Altes Pastorat** Kleines Hotel im ältesten Haus von Süderende mit Reetdachhaus, stilvoll eingerichtet. Leckeres Frühstücksbüfett, Restaurant für Hausgäste. ■ 25938 Süderende, Tel. 046 83/226, www.landhaus-altes-pastorat.de

€€ | **Sternhagens Landhaus** 300 Jahre altes Friesenhaus, mit Geschmack eingerichtet und ohne Elektrosmog. Romantischer Innenhofgarten. ■ Buurnstrat 49, 25938 Oevenum, Tel. 046 81/597 90, www.sternhagenslandhaus.de

€€€ | **Rackmers Hof** Kunst an den Wänden, Zugang zum Hotelgarten von den Terrassen der Zimmer in den Reetdachhäusern. Leckeres Friesenfrühstück. ■ Buurnstrat 1, 25938 Oevenum, Tel. 046 81/74 63 77, www.rackmers.de

# Helgoland ....................... 165

€ | **Ferienbungalows und Holzhütten auf der Düne** Nur wenige hundert Meter zum Strand kann von April–Okt. in einem der 36 Häuser übernachtet werden (Dusche/WC, TV und Einbauküche). Auch Hütten mit Gemeinschaftswaschgelegenheit. ■ Tel. 047 25/81 12 51, 27498 Helgoland, bungalow@helgoland.de, www.helgoland.de

€ | **Haus am Meer** Zimmer mit Aussicht auf die Reede und Düne. ■ Am Südstrand 10, 27498 Helgoland, www.haus-am-meer-helgoland.de

€ | **Hotel Aqua Marina** Abseits des Trubels, nahe Nord-Ost-Yachthafen. ■ Prof.-Heincke-Str. 183, 27498 Helgoland, Tel. 047 25/259, info@aquamarina-helgoland.de

€€ | **Literaturhotel auf den Hummerklippen** Ein Neffe von James Krüss betreibt das Hotel. Alle 13 Zimmer sind nach Autorinnen mit Helgolandbezug benannt. Blick auf Hafen und Düne. ■ Am Falm 302, Tel. 047 25/814 00, www.hotel-hummerklippen.de

*Umgeben von uraltem Siedlungsgebiet: das Inselhotel Kapitän Tadsen auf Amrum*

# Die Nr. 1 unter den Campingführern Europas!

- Über 5500 besonders reizvolle Campingplätze – vom Nordkap bis Sizilien
- Vor Ort recherchiert durch unabhängige ADAC Inspekteure
- Separate Planungskarte und GPS-Koordinaten
- Aktuelle Preise, Platzbeschreibung und -bewertung
- Mit ADAC Campcard für den preiswerten Campingurlaub

**Überall, wo es Bücher gibt, und beim ADAC.**
adac.de/shop

**Die besten Plätze im modernen Info-Layout**

**ADAC Medien und Reise GmbH**

# ADAC *Service Sylt*

Beim **ADAC Infoservice**, in den **ADAC Geschäftsstellen** sowie auf dem **Internetportal des ADAC** (adac.de) erhalten Sie Informationen zu den Dienstleistungen des Automobilclubs und zu Ihrem Reiseziel. Als **ADAC Mitglied** können Sie zudem das kostenlose **ADAC TourSet® Nordsee – Schleswig-Holstein** mit Kurzinfos zu Sylt anfordern oder die **TourSet App** auf dem **Smartphone** oder **Tablet-PC** installieren (adac.de/toursetapp). Rufen Sie bei Notfällen und Pannen den **ADAC Notruf** bzw. den **ADAC Auslandsnotruf** an. Unser Team steht Ihnen rund um die Uhr zur Verfügung.

### ADAC Infoservice
Tel. 0 800/51 0 11 12
Infos zu allen ADAC Leistungen
(Mo–Sa 8–20 Uhr, gebührenfrei)

### ADAC Notruf Deutschland
Tel. 0 180/222 22 22
(24 Std., ca. 6 ct/Anruf, max. 42 ct/Min. aus deutschem Mobilfunknetz)

### ADAC Notruf Mobil-Kurzwahl
Tel. 22 22 22
(Gebühren variieren je nach Netzbetreiber)

### ADAC Auslandsnotruf
Tel. +49/89/22 22 22
(Gebühren variieren je nach Netzbetreiber und Land)

### Internet-Serviceangebote des ADAC für Ihre Reiseplanung

| Service | Webadresse |
| --- | --- |
| Aktuelle Verkehrslage | adac.de/verkehr |
| ADAC Routenplaner | adac.de/maps |
| Infos zu Tankstellen und Spritpreisen | adac.de/tanken |
| Infos zu mautpflichtigen Strecken | adac.de/maut |
| Infos zu Fährverbindungen | adac.de/faehren |
| ADAC TourMail (Aktuelle Infos vor Anreise) | adac.de/tourmail |
| Informationen für Camper | adac.de/camping |
| Informationen für Motorradfahrer | adac.de/motorrad |
| Informationen für Segler und Skipper | adac.de/sportschifffahrt |
| ADAC Reiseangebote | adacreisen.de |
| ADAC Autovermietung | adac.de/autovermietung |
| ADAC Mitfahrclub (offen für alle) | adac.de/mitfahrclub |
| ADAC Versicherungen für den Urlaub | adac.de/versicherungen |
| Weltweite Preisvorteile für ADAC Mitglieder | adac.de/vorteile-international |

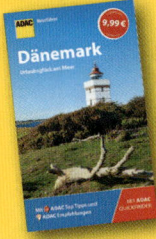

Diese **Produkte des ADAC** könnten Sie interessieren: **ADAC Reiseführer Nordseeküste Schleswig-Holstein, ADAC Reiseführer Dänemark, ADAC Reiseführer Hamburg** und **ADAC Campingführer Deutschland und Nordeuropa** – erhältlich im Buchhandel, bei den ADAC Geschäftsstellen und in unserem ADAC Online-Shop (adac.de/shop).

# Sylt von A–Z

## Anreise Sylt

### Auto und Autofähre

Der **AutoZug Sylt Shuttle** der Deutschen Bahn und der **RDC AUTOZUG Sylt** verbinden die Insel über den Hindenburgdamm mit dem Festland. Der rote **Sylt Shuttle** verkehrt alle 40–90 Min., in der Hochsaison alle 30 Min., zwischen **Terminal Niebüll** (gut von der A7 zu erreichen) und Westerland. Die Fahrt dauert 35 Min., Fahrradmitnahme auf einem Dach- oder Heckträger ist möglich. Wohnmobile werden nur bis zur Maximalgröße (6 m Länge, 2,70 Höhe, 2,2 m Breite, unter 3 t Gesamtgewicht) mitgenommen. Fahrkarten gibt es im Autozug-Terminal und online. ■ www.syltshuttle.de und www.autozug-sylt.de

### ADAC *Mobil*

Um mit dem **Navigationsgerät** das Terminal in Niebüll zu erreichen, geben Sie als Adresse Kurt-Bachmann-Ring 2, 25899 Niebüll, ein. Sollte Ihr Navigationsgerät die Straße nicht kennen, können Sie alternativ auch die alte Straßenbezeichnung »Südergath« wählen.

### Autofähre ab Rømø

Ganzjährig verbindet eine Autofähre **Havneby** auf der dänischen Insel Rømø mit List auf Sylt. Die Überfahrt dauert ca. 45 Min. Für die Anreise über Dänemark sollte man Personalausweis bzw. Reisepass mit sich führen.
**Syltfähre** ■ Am Fähranleger 3, List und Hafen Havneby, Kilebryggen 1, Rømø, Tel. 04 61/86 46 01, www.syltfaehre.de
**Katamaran ab Cuxhaven** ■ Juli–Okt., Sa, So, einfache Fahrt ab 34,50/21 €, (Erw./Kinder), Fahrtzeit: 2 1/4 Stunden. Achtung: fährt nicht bei hohem Wellengang, www.adler-schiffe.de

### Bahn

Durchgehende IC-Verbindungen nach Westerland bestehen ab **Berlin**, **Köln**, **Dresden**, **Frankfurt**, **Karlsruhe**, **Hannover** und **Hamburg**. Fahrradmitnahme nur mit Reservierung.
Ab **Hamburg-Altona** fährt stündlich ein Regionalexpress nach Westerland, Fahrradmitnahme ohne Reservierung, je nach Verfügbarkeit möglich.

### ADAC *Spartipp*

Wer an einem Dienstag, Mittwoch oder Donnerstag mit dem **Sylt-Shuttle** hin- und wieder zurückfährt, spart rund 14 Prozent. Die blauen Flachwagen des **RDC AUTOZUG Sylt** fahren ebenfalls ab Niebüll, allerdings seltener als der Sylt Shuttle, dafür preiswerter. Fahrkarten werden nur vor Ort verkauft. Dazu einfach in die ausgewiesenen Wartespuren fahren: In Niebüll Spuren 9 und 10, in Westerland Spur 1. Mitarbeiter verkaufen die Fahrkarte in bar oder mit EC-/Kreditkarte.
*www.autozug-sylt.de*

**Fahrplanauskunft Deutsche Bahn**
■ Tel. 018 06/99 66 33
(20 ct/Anruf aus dem dt. Festnetz, max. 60 ct/Anruf aus Mobilfunknetzen), Tel. 08 00/150 70 90 (sprachgesteuert, kostenlos), www.bahn.de und mobile App DB Navigator
**Österreichische Bundesbahnen**
■ Tel. 05/17 17, www.oebb.at und mobile App ÖBB Scotty

# Sylt von A–Z

### Schweizerische Bundesbahnen
- Tel. 09 00/30 03 00 (1,19 CHF/Min. aus dem Schweizer Festnetz), www.sbb.ch und mobile App SBB mobil

### Flugzeug
Direktverbindungen gibt es ab Basel, Bern, Bremen, Düsseldorf, Frankfurt/Main, Hamburg, Köln/Bonn, Mannheim, München, Stuttgart, Wilhelmshaven und Zürich.
**SFG Sylter Flughafen**
- Flughafenstr. 1, Tinnum, Tel. 046 51/920 62, www.flughafen-sylt.de

### Anreise Hallig Hooge

Mit der Bahn bis **Bredstedt**, Zubringerbus zum **Fährhafen Schlüttsiel**, dann per Schiff mit der **Wyker Dampfschiffs-Reederei**
- Tel. 046 67/940 30, www.faehre.de, Fahrzeit 75 Min.; Tagesausflüge in der Saison tgl. um 10 Uhr ab Schlüttsiel (Herbst/Winter nur Do)

Ab Schlüttsiel fährt in der **Hochsaison** auch:
**MS Rungholt**
- www.halligmeerfahrten.de

**MS Hauke Haien**
- www.wattenmeerfahrten.de

**MS Seeadler**
- www.seeadler-hooge.de

### Anreise Amrum

#### Auto und Autofähre
Mit der Fähre ab **Dagebüll** oder **Schlüttsiel**, dort sind in der Regel ausreichend kostenpflichtige Parkplätze und Garagen vorhanden, Anmeldung nicht erforderlich. Wer aber das Auto mit auf die Insel bringen will, muss vorab reservieren. ■ Tel. 046 67/940 30, www.faehre.de.

#### Bahn
Zum Fähranleger in **Dagebüll** gibt es durchgehende IC-Verbindungen ab Hamburg. Von dort weiter mit dem Fährschiff nach Amrum. Die DB-Fahrkarte gilt meist einschließlich Fähre.

**High-Speed-Fähre** ab Strucklahnungshörn/Nordstrand bei Husum.
In 90 Min. fährt der **Adler-Express** durch das Halligmeer direkt nach Wittdün (März–Okt.). ■ Tel. 046 51/987 08 88, www.adler-schiffe.de
Nordstrand ist von Husum aus mit dem Bus erreichbar. Onlinetickets sind meist günstiger.

### Anreise Föhr

#### Auto und Autofähre
Fähre ab **Dagebüll** ■ Tel. 046 67/940 30, www.faehre.de, Reservierung empfohlen
Oder parken in Dagebüll; jeweils 10 Minuten vor Abfahrt der Fähre fährt ein kostenloser **Shuttle-Bus** vom Parkplatz bis zum 700 m entfernten Anleger.

#### Bahn
Zum Fähranleger **Dagebüll** gibt es umweltfreundliche durchgehende IC-Verbindungen ab Hamburg. Von dort weiter mit dem Fährschiff nach Amrum. Die DB-Fahrkarte gilt meist einschließlich Fähre. Die **NEG** (www.neg-niebuell.de) fährt mehrmals tgl. zwischen Niebüll und Dagebüll, von dort Anschluss nach Flensburg und Hamburg.
Am An- und Abreisetag gilt die **DB-See-Fahrkarte** (Bahn und Schiff) auch für die einmalige Weiterfahrt im Linienbusverkehr auf Föhr vom/zum Fähranleger in Wyk zu/von Ihrer Unterkunft.

# Sylt von A–Z

**Flugzeug**

In der Saison zweimal täglich »Bedarfs-Linienflüge« von und nach Husum und Flensburg.
**Westküstenflug**
■ Am Flugplatz 18, Tel. 046 81/81 39, www.westkuestenflug.de

### Anreise Helgoland

**Katamaran Adler Cat** ab Cuxhaven, Föhr, Amrum, Sylt und Dagebüll.
■ Adler-Schiffe, Tel. 046 51/987 08 88, www.adler-schiffe.de
**Schiff** ab Cuxhaven, Bremerhaven, Büsum und Hooksiel, Reederei Cassen Eils.
■ Tel. 047 21/66 76 00, www.cassen-eils.de
**Flugzeug:** Von Heide/Büsum und Cuxhaven/Nordholz, März-Okt. ■ www.fliegofd.de

### Auto und Straßenverkehr

**Verkehr**

Zu den Hauptreisezeiten muss mit erhöhtem Verkehrsaufkommen und wenig freien Parkplätzen gerechnet werden. Nach Möglichkeit sollte man auf öffentliche Verkehrsmittel ausweichen.

**Parken**

Parkmöglichkeiten sind bei den jeweiligen Orten aufgeführt.

**Unfall**

Nach einem Unfall sollten Sie sofort anhalten, die **Unfallstelle** absichern und Erste Hilfe leisten. Bei **Personenschaden** sollten Sie unbedingt die Polizei verständigen (Notruf: 112). Die **Notrufzentrale des ADAC** erreichen Sie bei Fahrzeugpannen und -unfällen unter Tel. 0180/22 22 22 (dt. Festnetz 6 ct/Anruf; dt. Mobilfunk max. 42 ct/Min.), Mobil-Kurzwahl: 22 22 22 (Verbindungskosten je nach Netzbetreiber/Provider).

### Barrierefreies Reisen

Auf www.sylt.de kann eine Broschüre mit barrierefreien Hotels und Restaurants heruntergeladen werden. Die **Lebenshilfe Sylt** bietet Unterkünfte und Freizeitangebote für alle an, die in ihrem Urlaub auf Unterstützung oder Begleitung angewiesen sind. Schwerbehinderten (ab 80 % GdB) wird ein Teil der Kurtaxe erlassen.
■ Bastianstr. 22a, Westerland, Tel. 046 51/58 10, www.lebenshilfe-sylt.de
**Behindertengerechte Strandübergänge** auf www.sylt.de/sylturlaub-ist/barrierefrei.html oder www.insel-sylt.de/urlaub-mit-handicap.html

### Einkaufen und Souvenirs

Neben den hier produzierten Waren bietet www.syltiges.de Anregungen.

**Uthlande-Produkte**

Die zertifizierten Fleisch- und Wurstwaren stammen ausschließlich von Tieren, die auf den Nordfriesischen Inseln und Halligen geboren und aufgewachsen sind. Zur Region Uthlande gehören neben Sylt auch Föhr, Amrum, Nordstrand, Nordstrandischmoor, Pellworm, Langeneß, Habel, Gröde, Südfall, Süderoog, Norderoog, Oland, Hooge und Helgoland.

**Austern bis Salz**

Die einzige deutsche **Austernzucht** befindet sich in List (sowie der Verkauf, siehe Im Blickpunkt S. 83). **Muscheln** gibt es in Hörnum, **Sylter Salz** in List, **Sylter Bier** in Keitum, wo auch **Sylter Wein** reift (siehe jeweils in den Orten),

# Sylt von A–Z

Sylter **Kartoffeln** und **Sylter Eier** in Morsum. Fleisch vom **Sylter Galloway** gibt's bei der **Sylter Landschlachterei**.
■ Bäderstr. 2, Keitum, Tel. 046 51/886 15 77, www. landschlachterei-sylt.de

###  Feiertage

Gesetzliche Feiertage sind 1. Januar (Neujahr), Karfreitag, Ostermontag, 1. Mai (Tag der Arbeit), Christi Himmelfahrt, Pfingstmontag, 3. Oktober (Tag der Deutschen Einheit), Reformationstag, 25./26. Dezember (Weihnachten).

###  Geld

**Kosten im Urlaub**
(durchschnittliches Preisniveau)

| Tasse Kaffee | 3 € |
|---|---|
| Softdrink (0,2 Liter) | 3 € |
| Glas Bier (0,4 Liter) | 5 € |
| Glas Wein (0,2 Liter) | 7 € |
| Krabbenbrötchen | 8 € |
| Mietwagen / Tag | 40 € |
| E-Bike / Tag | 20 € |
| Strandkorbmiete / Tag | 10 € |

**Banken** sind in der Regel Mo–Fr 8.30–12.30 und 14–16 Uhr geöffnet. **Geldautomaten** findet man in den meisten größeren Orten außer auf Hallig Hooge. Die Nord-Ostsee-Sparkasse (NOSPA) sowie die Sylter Bank betreiben Automaten in Westerland, Wenningstedt und List, die NOSPA auch in Kampen, Keitum und Hörnum sowie in einigen Läden, die Sylter Bank auch in Tinnum, Rantum und Morsum. Geldautomaten von Postbank, Deutscher Bank und Hypovereinsbank nur in Westerland.

###  Gesundheit

**Apotheken** haben meist Mo–Sa 9–18 Uhr geöffnet. Die nächstgelegene offene Apotheke erfährt man unter dem bundesweiten Notdienst.
**Ärztlicher Bereitschaftsdienst**
■ Tel. 116 117 (deutschlandweit)
**Notdienstapotheke**
■ www.aksh-notdienst.de
**Asklepios Nordseeklinik**
■ Norderstr. 81, 25980 Sylt/Westerland, Tel. 046 51/840, www.asklepios.com
Siehe auch **Notfall** (S. 179)

###  Haustiere

**Hundestrände** auf Sylt unter www.sylt.de/reise-service/hunde-auf-sylt.html
**Hundstage** Inselrundfahrten teilweise mit Hund erlaubt (S. 97).

###  Information

**Touristeninformationen** siehe bei den jeweiligen Orten
**Sylt Marketing GmbH**
■ Stephanstr. 6, 25980 Westerland, Tel. +49 (0) 46 51/820 20, www.sylt.de, E-Mail: info@sylt.de

###  Klima und beste Reisezeit

Ihr berühmtes Reizklima verdanken die Nordfriesischen Inseln dem meist wehenden Westwind, der frische, klare, jodhaltige Luft vom Atlantik herbeiführt. Die Luft ist pollenarm, was Allergiker schätzen. Im **Sommer** (Mai–Sept.) ist es oft beständig wärmer als 20 Grad. Mit 1750 Sonnenstunden ist Sylt neben dem Schwarzwald Deutschlands sonnenreichste Region. Die **Winter** sind mild, es gibt kaum Frost. Im November fällt am meisten Regen.

# Sylt von A–Z

## Klimatabelle Sylt

| Monat | Luft (°C) (min./max.) | Sonne (h/Tag) | Regentage |
|---|---|---|---|
| Jan. | 0/5 | 2 | 14 |
| Feb. | 0/5 | 1 | 12 |
| März | 1/7 | 4 | 12 |
| April | 3/12 | 6 | 12 |
| Mai | 7/16 | 7 | 10 |
| Juni | 10/18 | 7 | 11 |
| Juli | 12/21 | 6 | 13 |
| Aug. | 12/21 | 4 | 14 |
| Sept. | 10/17 | 3 | 12 |
| Okt. | 6/13 | 3 | 15 |
| Nov. | 3/8 | 2 | 15 |
| Dez. | 0/5 | 1 | 14 |

## Kurabgabe

Erwachsene zahlen je nach Saison zwischen 1,30 und 3,30 Euro bei Ankunft direkt an den Vermieter. Tagesgäste, die den Strand besuchen wollen, kaufen eine **Tagesgästekarte** an den Strandübergängen. Die **Gastkarte** bietet Ermäßigungen bei touristischen Veranstaltungen, Konzerten oder in Bädern.

## Notfall

**Notruf**
- Tel./Mobil: 112 (EU-weit: Polizei, Unfallrettung, Feuerwehr)

**ADAC Info Service**
- Tel. 08 00/510 11 12 (Mo–Sa 8–20 Uhr)

**DGzRS (Deutsche Gesellschaft zur Rettung Schiffbrüchiger)**
- Tel. 04 21/53 68 70, www.seenotretter.de

**Wasserschutzpolizei List**
- Tel. 046 51/87 04 60

**ADAC Pannenhilfe in Deutschland**
- Tel. 01 80/222 22 22

(24 Std.; dt. Festnetz 6 ct/Anruf; dt. Mobilfunk max. 42 ct/Min.), Mobil-Kurzwahl: 22 22 22 (Verbindungskosten je nach Netzbetreiber/Provider)

**ADAC Ambulanzdienst München**
- Tel. +49/89/76 76 76 (24 Std.)

**ÖAMTC Schutzbrief Nothilfe**
- Tel. +43/1/251 20 00, www.oeamtc.at

**Einsatzzentrale TCS-ETI-Schutzbrief**
- Tel. +41/58/827 22 20, www.tcs.ch

## Öffnungszeiten

Auf den Nordseeinseln gilt die Bäderverordnung. **Geschäfte** dürfen an Werktagen 24 Std. und vom 17. Dez. bis 8. Jan. bzw. vom 15. März bis 31. Okt. an Sonn- und Feiertagen von 11–17 Uhr öffnen.

## Post

Postämter gibt es in **Westerland** (Hauptpost, Kjeirstr. 17), **Kampen**, **Rantum** und **Hörnum** (Mo–Fr 8–12 und 14–18, Sa 8–12 Uhr), in kleineren Orten fungieren häufig Geschäfte als Postfilialen.

Postkarten innerhalb Deutschlands: 45 Cent, Briefe 70 Cent.

In die Schweiz und nach Österreich jeweils 90 Cent für Briefe und Postkarten.

## Rundflüge

**Sylt Air**
- Flughafen Westerland, Tel. 046 51/78 77, www.syltair.eu. Rundflüge über Sylt oder die Nachbarinseln und Halligen

## Sicherheit

Die Nordseeinseln sind sichere Reiseziele. Sie sollten jedoch die üblichen

## Festivals und Events

### Februar
**Biikebrennen** Jedes Jahr am 21. Februar wird die alte Tradition des Feueranzündens auf Sylt und den Nachbarinseln hochgehalten. Es beginnt mit der Fackelausgabe und dem Biikeumzug, der zum großen Holz- und Reisighaufen führt. Anschließend laden Gastronomiebetriebe zum Grünkohlessen ein (evtl. Tische vorbestellen). Seite 128

### März
**Syltlauf** Läufer begeben sich auf die 33,3 km lange Strecke von Hörnum nach List. Tel. 046 51/ 325 66, www.tinnum66.de.

### Ostern
**Osterfeuer** auf Sylt in Hörnum und Kampen. Ostersamstag mit traditionellem Fackelmarsch in Hörnum, Ostersonntag am späten Nachmittag am Strand in Kampen bei Buhne 16.

### Mai–August
**Ringreiterturniere** Ab Pfingsten wetteifern Reiter von acht Sylter Vereinen um die Königswürde. Seite 138
**Literatur- und Kultursommer** in Kampen. Seite 108
**Meerkabarett** in Rantum Seite 82

### Mai
**Harley-Davidson-Treffen** 500 Motorradfahrer starten von der Westerländer Promenade aus zur Inselrundfahrt.

### September
**Red Bull Tri Islands Triathlon** Über 500 Triathleten starten mit einer gemeinsamen Wattwanderung von Föhr nach Amrum, danach geht es auf eine 3 km lange Schwimmstrecke zurück nach Föhr. Hier werden 40 km auf dem Rad zurückgelegt. Zwölf-Mann-Boote bringen die Sportler dann zur finalen, 11 km langen Laufentscheidung nach Sylt. www.redbull.com/triislands

*Inselcorso: Harley-Liebhaber mit ihren gepflegten Maschinen*

### November/Dezember
**Weihnachtsmärkte** Kunsthandwerk und friesische Leckereien sind auf den Märkten in mehreren Inselorten zu haben.

# Sylt von A–Z

Sicherheitsvorkehrungen beachten, z. B. keine Wertsachen im Auto offen liegen lassen. Keinesfalls sollte man auf eigene Faust das **Watt** erkunden, denn Wanderer können im Handumdrehen von der herannahenden Flut überrascht werden. Am Ellenbogen und der Hörnum Odde entstehen extremen **Gezeitenströmungen**. Hier zu schwimmen oder zu surfen wäre lebensgefährlich! Gezeitenkalender halten die Tourismusämter bereit oder sind der Tagespresse zu entnehmen.

 **Sport**

### Angeln
Voraussetzung ist ein gültiger Jahresfischerschein und ein Gastangelschein. Urlauber können beim Ordnungsamt einen »**Urlauberfischereischein**« erwerben sowie bei den **Tourismusvereinen** der Gemeinden, im **Edeka-Markt Johannsen** am westlichen Ortsrand von Tinnum (Kampende 11), beim **Kaufhaus HB Jensen** in Westerland und im **Hörnumer Angelshop** (Rantumer Str. 25).

Im Meer angeln Petrijünger von einem ruhigen Fleckchen an den Küsten aus vor allem Plattfische, Hornhechte und Makrelen. Mit einer Angelerlaubnis darf auch in den Binnengewässern gefischt werden: Im Siel zwischen Tinnum und Morsum auf Sylt findet man Karpfen, Schleien, Weißfische, Hechte, Barsche und Aale. In der Nösse-Kuhle gibt es Karpfen, Barsche und Hechte, ebenso im Katrevel nahe der Morsum Odde beim Nössedeich.

### Fallschirmspringen
Einen Tandemsprung können auch Neulinge wagen, denn ein erfahrener Fallschirmspringer ist stets mit von der Partie. Absprunghöhe ist 2700 m, der freie Fall dauert 30 Sek., der Flug am geöffneten Fallschirm zur Erde 8 Min.
**Seventh Sky**
■ Flughafen Sylt, Halle 74, Westerland, Tel. 017 32/16 01 21, www.seventhsky.de, Mai–Okt. Sa, So, abhängig vom Wetter

### Kitesurfen
Unterricht erteilen die meisten Surfschulen.

### Laufen
Kilometerweite Strandläufe, Joggingtrails auf der Deichkrone sowie Trimm-Dich-Pfade nördlich Westerlands oder in dem Wäldchen zwischen Wenningstedt und Kampen können Sylturlauber das ganze Jahr über genießen.

### Nordic Walking
Über die ganze Insel verlaufen die bis zu 20 km langen Routen des **Nordic Walking Park Sylt** (www.sylt.de). Blau kennzeichnet dabei leichte Strecken, rot mittelschwere und schwarz anspruchsvolle.

### Radfahren
4600 Leihräder stehen zur Verfügung für 170 km Radwege. Die **Sylt – Fahrrad- und Wanderkarte** (1:50 000) ist bei den Tourismusämtern erhältlich.
**Fahrradverleiher** ■ www.insel-sylt.de/fahrradverleihe.html

### Reiten
Adressen von Reiterhöfen finden sich bei den Ortsbeschreibungen unter den Praktischen Hinweisen sowie im Gastgeberverzeichnis von **Sylt Marketing** (Stephanstr. 6, 25980 Westerland, www.sylt.de). Mitte Mai–Sept. sind Strandausritte aus Rücksicht auf Badegäste verboten.

### Schwimmen

Die Wasserqualität an den Küsten der Nordseeinseln ist ausgezeichnet. Die **Beflaggung** zeigt, ob das Baden gefahrlos möglich ist: »Grün« uneingeschränkt, »Gelb« nur an den bewachten Badefeldern der Rettungsschwimmer, da die Strömung gefährlich ist, und »Rot« verboten, da Lebensgefahr. Von den **Buhnen** (scharfer Muschelbewuchs und Strömung) ist ein großer Sicherheitsabstand einzuhalten. Diese sind mit gelben Warnkreuzen oder roten Warnschildern am Strand gekennzeichnet.

### Segeln

Vom Dingi bis zum Doppelrumpfboot ist alles da. Segelschulen siehe Munkmarsch und Hörnum.

### Surfen

Die wellenreiche Westküste von Sylt ist vor allem für fortgeschrittene Windsurfer ein Dorado. Für Anfänger bieten Surfschulen Kurse an.

### Wandern

Die rund 100 km lange Küste ist ideal. Auch eine Wanderung durch die Braderuper Heide ist sehr schön (Blütezeit im Frühjahr). Wer gern Vögel beobachten möchte, ist rund um das Rantumbecken sowie auf dem Nössedeich gut aufgehoben.

### Yoga

Angebote sind unter den Orten zu finden.

### Strände

Sylter Strände sind in Zonen eingeteilt. Wer surfen, nackt baden, Drachen steigen lassen oder mit dem Hund am Strand spazieren gehen will, muss sich an die dafür vorgesehenen **Strandabschnitte** begeben. Für Freunde der Freikörperkultur: List/Weststrand an der Strandsauna, Kampen nahe »Buhne 16«, Wenningstedt nördl. Bereich, Westerland/Nordseeklinik Süd sowie Campingplatz bis Oase zur Sonne, Rantum: Sansibar und Samoa sowie Hörnum südlich des Textilstrands mit Sauna nahe »Kap-Horn«.

### Telefon

**Vorwahl Sylt:** 046 51
**Vorwahl Österreich:** +43
**Vorwahl Schweiz:** +41
Achtung mit dem **Mobiltelefon in List**: Hier wählt sich das Handy gern in das dänische Netz ein. Abgehende Anrufe benötigen u. U. eine Ländervorwahl. Tipp: »Automatische Netzwahl« am Telefon deaktivieren.

### Trinkgeld

Wer mit der Leistung zufrieden war, kann in Restaurants und bei Taxifahrten zehn Prozent Trinkgeld geben. In Hotels und bei Führungen sind 1 € pro Person und Tag angemessen.

### Umgangsformen

»Moin« zur Begrüßung heißt »Guten Tag« und wird somit auch den ganzen Tag verwendet. Wer »moin-moin« sagt, gilt als »Schwätzer«. Mehr Informationen über die **einheimische Sprache** erhält man unter www.soelring-foriining.de sowie im Sylter Heimatmuseum in Keitum.

Man sollte sich nicht auf die Friesenwälle setzen und die Dünen nur auf den gekennzeichneten Wegen betreten.

# Sylt von A–Z

## Unterkunft und Hotels

»Frühstücks-Pensionen« oder »Hotel garnis« gibt es auf **Sylt** kaum noch, dafür viele exzellente Hotels. Empfehlungen werden am Ende jedes Kapitels gegeben. Am preiswertesten wohnt man in Ferienwohnungen und -häusern. Mehr als 4800 Wohnungen vermittelt www.sylt-travel.de
Spezialisiert auf **Munkmarsch** und **Braderup** ist www.sylt-appartements.de
Viele Angebote für **Westerland**, **List** und **Hörnum** gibt es auf www.insel-sylt-urlaub.de
Apartments und Ferienhäuser auf der Insel **Amrum** findet man unter: www.amrum-appartements.de

## Verkehrsmittel

### Bus

Alle Orte auf Sylt sowie die meisten Strände der Insel sind durch ein dichtes **Busliniennetz** bequem erreichbar. Die Linienbusse der Sylter Verkehrsgesellschaft (SVG) starten von Westerland aus in alle Destinationen der Insel. Spezielle Vorrichtungen am Heck der Busse ermöglichen zudem den problemlosen Transport von Fahrrädern. Die Insel ist in sieben Ticket-Zonen aufgeteilt. Verbindungen können über www.svg-busreisen.de abgerufen werden. Alle Busse bieten kostenfreies WLAN.

**Sylter Verkehrsgesellschaft SVG**
■ Tel. 046 51/83 61 00,
www.svg-busreisen.de

### Inselrundfahrten

Einen guten Überblick mit spannenden Erläuterungen gewähren die **Kleine Inselrundfahrt** (März–Nov. tgl. 11 Uhr) oder die **Große Inselrundfahrt** (März–Okt. tgl. 14–17.15, Nov.–Feb. 13–16 Uhr). Die große Tour bietet auch die Möglichkeit, per Schiff die Hörnum Odde zu umrunden (vergünstigte Tickets beim Busfahrer).

**Sylter Verkehrsgesellschaft (SVG)**
■ Tel. 018 05/83 61 00 (14 ct/Min. aus dem dt. Festnetz), www.svg-busreisen.de

## Mietwagen

Für Mitglieder bietet die ADAC Autovermietung günstige Konditionen an. Buchungen über adac.de/autovermietung, die ADAC Geschäftsstellen oder unter Tel. 089/76 76 22 99.
Autovermietungen auf Sylt:

**Syltcar**
■ Tel. 018 02/25 28 20, www.syltcar.de
**Fun-Car-Sylt** vermietet nur Smart.
■ Tel. 046 51/454 90, www.funcar-sylt.de
**Syltmietwagen.de**
■ Tel. 046 51/14 14, www.syltmietwagen.de
**E-Mobility Center** Sylt Tourismus vermietet Elektroautos und E-Scooter.
■ Westerland, Strandstr. 32, neben dem Eingang zur Sylter Welle, Tel. 046 51/998 60

## Taxi

**Vereinigte Sylter Funktaxenzentrale**
Dies ist mit ca. 35 Taxen die mit Abstand größte Taxizentrale auf Sylt.
■ Tel. 046 51/55 55
■ Tel. 04651/50 50
**Taxi-Service Henke**
■ Tel. 046 51/66 99

## Zollbestimmungen

Reisende aus **EU-Ländern** dürfen Waren abgabenfrei mit nach Hause nehmen. Bürger aus der **Schweiz** können Waren im Wert von 300 CHF für den privaten Gebrauch mit zurück in die Heimat bringen. Es gelten Grenzmengen, die berücksichtigt werden müssen (www.bmf.at/zoll, www.zoll.ch).

# Die Geschichte Sylts

**um 3000 v. Chr.** Die ersten Siedler errichten Megalithgräber im Gebiet des heutigen Sylt. Das größte erhaltene in Nordeuropa ist der Denghoog in Wenningstedt.

**9. Jh.** Von Norden her wandern dänische Friesen ein und legen Dörfer an. Sie bauen erste Deiche im Westen der Insel.

**12./13. Jh.** Die Nordfriesen wenden sich dem christlichen Glauben zu. St. Severin in Keitum und St. Martin in Morsum werden gebaut.

**1362** Die Marcellus-Sturmflut überflutet die Küste Nordfrieslands, etwa 100 000 Menschen finden den Tod.

**1650–1750** Der Walfang beschert Sylt Wohlstand, ein Goldenes Zeitalter.

**1855** Der Sylter Landvogt Werner Carl Julius Gottlob van Levetzau folgt dem Vorbild anderer Nordseeinseln und stellt am Strand von Westerland erstmals Badekarren für Feriengäste auf.

**1857** Westerland erhält seine offizielle Zulassung als Badeort, im bereits etablierten Seebad Wyk auf Föhr fallen Hotels und Kureinrichtungen einem Großbrand zum Opfer.

**1866** Sylt wird nach dem Deutsch-Dänischen Krieg preußische Provinz.

**1908** Die Inselorte verzeichnen 25 000 Kur- und Badegäste.

**1920** Nach dem Ersten Weltkrieg sprechen sich 2715 der Befragten für den Verbleib Sylts bei Deutschland aus, 356 für Dänemark.

**1927** Am 1. Juni weiht Reichspräsident Paul von Hindenburg den nach ihm benannten, 11,2 km langen Eisenbahndamm zwischen Sylt und dem Festland ein.

**1950** Die Autoverladestation der Deutschen Bahn nimmt ihren Betrieb auf.

**1972** Sandvorspülungen an der Westküste beginnen.

**1988** Das Seehundsterben macht auch vor der Küste Sylts nicht Halt.

**1989** Eine gewaltige Sturmflut an Ostern reißt das letzte bewachsene Dünenstück der Hörnum Odde mit sich.

**2008** Der Neubau der Keitum Therme endet im Desaster: Der Investor springt ab, zurück bleiben mit Wasser gefüllte Grundmauern.

**2009** Die UNESCO erklärt das Wattenmeer zum Weltnaturerbe.

**2015** Wenningstedt erhält einen neuen Strandzugang; an der Promenade eröffnet das Kurzentrum »Haus am Kliff«. Auf Amrum wird ein neuer Seenotkreuzer stationiert.

**2016** Die »Sylter Welle« wird um ein Panorama-Sportbecken erweitert. Ein privater Betreiber lässt Züge zur Insel fahren.

**2017** Die Keitumer Thermenruine wird endlich abgerissen.

*Die damals noch üppigen Walbestände im Nordmeer verhelfen Sylt im 17. Jh. zu Wohlstand*

# Das Magazin mit den schönsten Seiten der Welt!

- Spannende, exklusiv recherchierte Reportagen
- Mehr als 250 brillante und stimmungsvolle Fotos
- Zahlreiche Übersichtskarten und Detailpläne
- Serviceseiten mit Insider-Tipps und Hintergrundinfos

**Überall, wo es Bücher gibt, und beim ADAC.**
adac.de/shop

**Alle zwei Monate neu!**

**ADAC Medien und Reise GmbH**

# Register

### A

Alte Landvogtei, Tinnum 48, 132
Alte Post, Westerland 67
Altfriesisches Haus, Keitum 125
Altjahresumritt 130
Amrum 146
- Bank mit Kreuz und Bibel 149
- Heimatmuseum 149
- Kniepsand 146
- Leuchtturm 147
- Marsch 151
- Naturzentrum 150
- Nebel 148
- Öömrang Hüs 149
- Quermarkenfeuer 150
- Setzerdüne 150
- Steenodder Kliff 148
- Steingrab Eesenhugh 148
- Teerdeich 151
- Wittdün 147
Amrumer Vogelkoje 149
Amrum Odde 151
Anreise 175, 176
Arche Wattenmeer, Hörnum 85
Austern 24
Autofahren 177
Autozug 50
Avenarius 40

### B

Bahnhof mit Reisenden Riesen, Westerland 66
Bahnverbindungen 175, 176
Bank mit Kreuz und Bibel, Amrum 149
Barrierefreies Reisen 177
Barrierefrei zum Strand 29
Beste Reisezeit 18
Beste Reisezeit Frühling 18
Beste Reisezeit Herbst 20
Beste Reisezeit Sommer 19
Beste Reisezeit Winter 21
Biikebrennen 128
Billund 54
Bogenschießen 53

Boldixumer Vogelkoje, Föhr 157
Braderup 98
Braderuper Heide 98
Brandenburger Strand, Westerland 72

### C

Champagner-Bier 124

### D

Denghoog, Wenningstedt 94
Dicke Wilhelmine, Westerland 67
Dorfteich, Wenningstedt 93
Dr.-Carl-Häberlin-Friesen-Museum, Föhr 157
Düne, Helgoland 167

### E

Eidum Vogelkoje 78
Einkaufen 177
Ellenbogen 116
Emil Nolde 39
Erich Heckel 38
Erlebniszentrum Naturgewalten, List 111

### F

Fährhaus, Munkmarsch 120
Familienfreundliche Strände 29
Feiertage 178
Festivals 180
Feuerwehrmuseum, Keitum 126
FKK 104
Föhr 156
- Anreise 176
- Boldixumer Vogelkoje 157
- Dr.-Carl-Häberlin-Friesen-Museum 157
- Glockenturm 157
- Kunst der Westküste 158
- Nationalparkhaus 156
- Nieblum 158
- Planetenweg 157
- Robbenzentrum 156
- Sprechende Grabsteine 158
- St. Laurentii 158
- St. Nicolai 157
Friedhof der Heimatlosen, Westerland 72
Friedhof, Keitum 123
Friedhof St. Martin, Morsum 136
Friedrichstraße, Westerland 71
Friesen 94
Friesenbänke 26
Friesenkapelle, Wenningstedt 93

### G

Geschichte 184
Gesundheit 178
Glockenturm, Föhr 157
Gosch am Kliff, Wenningstedt 93
Gosch, Jürgen 110
Grünes Kliff, Keitum 126

### H

Hafen, Helgoland 166
Hafen, List 111
Hallig Hooge 142
- Anreise 176
- Heimatmuseum 143
- Königspesel 143
- St. Johannes 143
- Sturmflutkino 143
- Wattenmeerhaus 143
Harhoog, Keitum 126
Haus am Kliff, Wenningstedt 92
Haus Kliffende, Kampen 103
Haustiere 178
Heimatmuseum, Amrum 149
Heimatmuseum, Hallig Hooge 143
Helgoland 165
- Anreise 177
- Düne 167
- Hafen 166
- Hummerbuden 165

# Register

- Lange Anna 166
- Luftschutzbunker 167
- Lummenfelsen 166
- Museum 166
- Rote Klippen 166
- St. Nicolai 167

Himmelsleiter, Westerland 73
Hindenburgdamm 50
Hobokenhaus, Kampen 102
Hooger Sturmflutkino, Hallig Hooge 143
Hörnum 83
Hörnumer Hafen 84
- Kegelrobbe Willi 31
Hörnumer Leuchtturm 83
Hörnum Odde 85
Hotels 183
Hummerbuden, Helgoland 165

## I

InselCircus 30

## K

Kaamp-Hüs, Kampen 101
Kampen 100
- Haus Kliffende 103
- Hobokenhaus 102
- Kaamp-Hüs 101
- Klenderhof 102
- Kupferkanne 101
- Leuchtturm 104
- Plattform am Weststrand 104
- Quermarkenfeuer 103
- Rotes Kliff 103
- Uwe-Düne 104
Kampener Kunst- und Kulturpfad 101
Kampener Vogelkoje 105
Keitum 122
- Altfriesisches Haus 125
- Feuerwehrmuseum 126
- Friedhof 123
- Grünes Kliff 126
- Harhoog 126
- Packhaus 124
- St. Severin 123
- Sylter Heimatmuseum 125
- Tipkenhoog 126
- Weinberge 124
Klenderhof, Kampen 102

Klima 178
Kniepsand, Amrum 146
Kolding 55
Königspesel, Hallig Hooge 143
Kosten im Urlaub 178
Kunst der Westküste, Föhr 158
Kunst- und Kulturpfad 41
Kupferkanne, Kampen 101
Kurabgabe 179

## L

Lakolk 52
Lange Anna, Helgoland 166
Langeneß 145
Legoland Billund 54
Leuchtturm, Amrum 147
Leuchtturm Kampen 104
List 109
- Erlebniszentrum Naturgewalten 111
- Hafen 111
Lornsen, Uwe Jens 131
Luftschutzbunker, Helgoland 167
Lummenfelsen, Helgoland 166

## M

Marsch, Amrum 151
Megalithgräber 44
Mittsommernacht 42
Morsum 135
- Friedhof St. Martin 136
- Hünengräber 137
- St. Martin 135
Morsum-Kliff 136
Munkmarsch 120
- Fährhaus 120
- Inselbahn 121
- Schiffsanlegestelle 121
- Verkehrsmittel 121
Muschelzucht 83
Museum Helgoland 166
Musikmuschel, Westerland 71

## N

Nationalparkhaus, Föhr 156
Nationalpark Schleswig-Holsteinisches Wattenmeer 37
Naturzentrum Amrum 150
Naturzentrum Braderup 98

Nebel, Amrum 148
Nieblum, Föhr 158
Niebüll 57
Notfall 179

## O

Öffnungszeiten 179
Öömrang Hüs, Amrum 149

## P

Packhaus, Keitum 124
Parken 177
Planetenweg, Föhr 157
Plattform am Weststrand, Kampen 104
Post 179
Promis 102

## Q

Quermarkenfeuer, Amrum 150
Quermarkenfeuer, Kampen 103

## R

Radfahren 74
Rantum 79
Rantumbecken 79
Rathaus, Westerland 70
Reisezeit 178
Relief 3D, Westerland 70
Ribe 54
Ringreiten 138
Robbenzentrum, Föhr 156
Rote Klippen, Helgoland 166
Rotes Kliff, Kampen 103
Rundflüge 179

## S

Schiffsanlegestelle, Munkmarsch 121
Schlüttsiel 144
Schokoladenmanufaktur 26
Schweinswale 115
Seebad Westerland 46
Seebüll 56
Seifen Manufaktur 27
Setzerdüne, Amrum 150
Sicherheit 179
Sölviin 124
Souvenir 27
Souvenirs 177
Spielbank Westerland 77

# Register

Sport 181
Sprechende Grabsteine, Föhr 158
Steenodder Kliff, Amrum 148
Steingrab Eesenhugh, Amrum 148
Sterneküche 23
St. Johannes, Hallig Hooge 143
St. Laurentii, Föhr 158
St. Martin, Morsum 135
St. Nicolai, Föhr 157
St. Nicolai, Helgoland 167
St. Nicolai, Westerland 74
St. Niels mit Friedhof, Westerland 74
St. Peter, Rantum 80
Strände 182
Strandkorb 26
Strandpromenade, Westerland 71
Strandstraße, Westerland 71
St. Severin, Keitum 123
St. Thomas, Hörnum 85
Sturmfluten 86
Sylt Aquarium, Westerland 73
Sylter Heimatmuseum, Keitum 125
Sylter Meersalz 25
Sylter Thalasso 27
Sylter Welle, Westerland 72
Syltfähre 52

**T**

Taxi 183
Teerdeich, Amrum 151
Telefon 182
Tinnum 132
Tinnumburg 133
Tipkenhoog, Keitum 126
Tønder 56
Trinkgeld 182

**U**

Übernachten 89, 117, 139, 171, 172
Übernachten mit Kindern 28
Umgangsformen 182
Unfall 177
Unterkunft 183
Urlaubskasse 28
Uwe-Düne, Kampen 104

**V**

Verkehrsmittel 183
Vogelbeobachtung 150, 166
Vogelkoje, Kampen 105
Vogelschutzgebiet Amrum Odde 151

**W**

Wanderdünen 116
Wanderungen bei Nacht 43
Wattenmeerhaus, Hallig Hooge 143
Wattführer 36
Wattwanderung 144
Weinberge, Keitum 124
Weißes Kliff, Braderup 98

Wenningstedt 92
– Denghoog 94
– Dorfteich 93
– Friesenkapelle 93
– Gosch am Kliff 93
– Haus am Kliff 92
Westerland 66
– 3D-Relief 70
– Alte Post 67
– Anreise 175
– Bahnhof mit Reisenden Riesen 66
– Brandenburger Strand 72
– Cafés 76
– Dicke Wilhelmine 67
– Friedhof der Heimatlosen 72
– Friedrichstraße 71
– Himmelsleiter 73
– Musikmuschel 71
– Rathaus 70
– Spielbank 77
– St. Nicolai 74
– St. Niels mit Friedhof 74
– Strandpromenade 71
– Strandstraße 71
– Sylt Aquarium 73
– Sylter Welle 72
– Villa Kunterbunt 30
Whisky-Meile, Kampen 105
Wikinger 133
Wittdün, Amrum 147

**Z**

Zollbestimmungen 183

188

# Bildnachweis

**Bildnachweis**
**Titel:** Leuchtturm Hörnum
**Foto: mauritius images** (lamastock/alamy)

**Alamy Stock Photo/Panther Media GmbH:** 35 – **AWL Images:** S. Lubenow 8.1, 100/101 – **Glow-Images:** 63.3, 93, 141.1, 143, 151 – **Haus Noge Sylt:** 65.2 – **HUBER IMAGES:** S. Lubenow 9, 71, 146/147; G. Gräfenhain 12/13, 14/15, 16/17; Luca Da Ros 109; U. Bernhard 192 – **Jahreszeiten Verlag:** W. Schmitz 4.1, 4.2, 5, 6/7, 7.1, 7.2, 8.3, 58/59, 60.1, 60.2, 61.1, 61.3, 63.1, 65.1, 65.3, 70, 73, 75, 91, 95, 102, 103, 107, 119.2, 124, 125, 144 – **laif:** A. Hub 113; D. Schmid 130 – **look-foto:** S. Lubenow 10/11, 92, 106, 116, 126, 135, 142, 148, 156, 161, 162; H. Wohner 32, 62.2; A. Haug 33; Travel Collection 37; T. Grundner 128; K. Wothe 155; Roetting+Pollex 160 – **mauritius images:** Uwe Steffens 21, 34, 94; imageBROKER/Sabine Lubenow 28, 30, 45, 66/67, 99, 120, 136; Historical image collection by Bildagentur-online/Alamy 40; Christian Bäck 46, 88; imageBROKER/Harald Wenzel-Orf 56; E. Laue 63.2; Travel Collection/W. Schmitz 72; imageBROKER/M. Moxter 110; imageBROKER/T. Lammeyer 83; Westend61/Artmedia 119.3, 122/123; United Archives 169; P. Lehner 172 – **Nolde Stiftung Seebüll:** 39 – **Ottmar Heinze:** 119.1, 138 – **picture-alliance:** DUMONT Bildarchiv 36, 132; ZB 44; imageBROKER 51; Paul Mayall 154; N.N. 180 – **Picture Time:** Michael Magulski 61 – **Pressedienst Deppe:** 38, 49 – **Seasons Agency:** Jalag/Pieter-Pan Rupprecht 19, 62.1; Jalag/Walter Schmitz 20, 24; GourmetPictureGuide 22, 133; Jalag/Markus Bassler 23 – **Shutterstock:** praphab louilarpprasert 8.2; M. Thaler 11; ArtCookStudio 25; Konrad Weiss 26, 50, 86; 360b 131; Igor Marusichenko 27; Pawel Kazmierczak 29, 31, 47, 84; LaMia-Fotografia 52; Jgade 54; Complexli 55; Marc Lechanteur 57; FabrikaSimf 62.3; mmphotographie.de 79; pamuk 134; powell83 141.2, 163; Bildagentur Zoonar GmbH 141.3; momentsoutside 150; O. Schulz 157; M. Fornal 164/165; O. Senkov 166/167; animaflora 170 – **Sylt Marketing GmbH:** 41; Maike Belbe 18 – **Syltpicture:** Volker Frenzel 48 – **Sylter Archiv:** 184 – **Tourismus-Service Hörnum:** Andreas Arndt 42

# Impressum

**Herausgeber:** GRÄFE UND UNZER VERLAG GmbH, Postfach 86 03 66, 81630 München
**Leitender Redakteur:** Benjamin Happel
**Autoren:** Knut Diers, Elisabeth Schnurrer
**Verlagsredaktion:** Larissa Köpp, Gernot Schnedlitz, Silke Tauscher, Nadia Terbrack
**Redaktion:** Dr. Maria Ponholzer, München
**Satz:** Claudia Costanza, Braunsbach
**Bildredaktion:** Iris Kaczmarczyk, Dr. Nafsika Mylona
**Schlusskorrektur:** Chris Thomas
**Reihengestaltung:** Independent Medien Design, Horst Moser, München; Eva Stadler, München
**Kartografie:** Kunth Verlag GmbH & Co. KG, München
**Herstellung:** Mendy Willerich
**Druck + Bindung:** Drukarnia Dimograf Sp z o.o. (Polen)
**Ansprechpartner für den Anzeigenverkauf:**
KV Kommunalverlag GmbH & Co. KG, MediaCenter München,
Tel. 089/92 80 96 44

Ein Unternehmen der
GANSKE VERLAGSGRUPPE

ISBN 978-3-95689-756-6
1. Auflage 2020

**© 2020 GRÄFE UND UNZER VERLAG GmbH, München**
ADAC Medien und Reise GmbH, München

**Leserservice**
adac@graefe-und-unzer.de
Tel. 00800/72 37 33 33 (gebührenfrei in D, A, CH)
Mo–Do 9–17 Uhr, Fr 9–16 Uhr

Das Werk einschließlich aller seiner Teile ist urheberrechtlich geschützt. Jede Verwendung ohne Zustimmung von Gräfe und Unzer ist unzulässig und strafbar. Das gilt insbesondere für Vervielfältigungen, Übersetzungen, Mikroverfilmungen und die Verarbeitung in elektronischen Systemen.
Die Daten und Fakten für dieses Werk wurden mit äußerster Sorgfalt recherchiert und geprüft. Wir weisen jedoch darauf hin, dass diese Angaben häufig Veränderungen unterworfen sind und inhaltliche Fehler oder Auslassungen nicht völlig auszuschließen sind. Für eventuelle Fehler oder Auslassungen können Gräfe und Unzer, die ADAC Medien und Reise GmbH sowie deren Mitarbeiter und die Autoren keinerlei Verpflichtung und Haftung übernehmen.

**Bei Interesse an maßgeschneiderten B2B-Produkten:**
gabriella.hoffmann@graefe-und-unzer.de

Mobil vor Ort

# Unterwegs auf Sylt

### Gepäckservice der DB
Wem es lästig ist, mit Gepäck zu verreisen, der kann den Gepäckservice der Deutschen Bahn nutzen. Ob Koffer, Fahrrad oder Kinderwagen – Ihr Gepäck wird zu Hause abgeholt und nach Ihrem Aufenthalt wieder zurückgebracht.
■ Details unter www.bahn.de

### Fahrrad
Sylt bietet beste Voraussetzungen für eine Erkundung mit dem Fahrrad. Es gibt rund 170 km Radwege, die genutzt werden wollen. Fahrradverleihstationen (auch E-Bikes) sind in jedem größeren Ort vorhanden. Für längere Strecken können Sie das Fahrrad auch mit dem öffentlichen Bus transportieren. Einladen müssen Sie das Fahrrad jedoch selbstständig in eine spezielle Vorrichtung hinten am Bus.
■ Details auf S. 74

### Strand mit Handicap
Fester Bestandteil eines Sylt-Urlaubs sind ausgedehnte Spaziergänge an den weitläufigen Stränden Sylts. Auch mit einem Handicap ist das möglich: Beim Tourismusbüro in Wenningstedt kann man Elektro-Strandrollstühle ausleihen.
■ Details auf S. 92

### Camper nach Sylt
Sie sind mit einem Wohnmobil oder einem Wohnwagen unterwegs? Dann ist die Anreise mit dem Autozug günstiger, wenn Sie die Buchungsbestätigung eines Campingplatzes auf Sylt vorlegen. Das Platzangebot auf den einstöckigen Waggons ist allerdings größenabhängig begrenzt. Nehmen Sie lieber die Syltfähren für Ihr Reisemobil. So kommen Sie sicher von Rømø aus auf die Insel.
■ Details zur Anreise auf S. 175